미국사 편지

처음 읽는
이웃 나라 역사

일러두기

1. 한글 맞춤법과 띄어쓰기는 국립국어원의 《표준국어대사전》을 기준으로 하였습니다.
2. 인명과 지명은 국립국어원의 '외래어 표기 용례 자료집'을 따라 표기하였습니다.
3. 본문의 인명은 찾아보기에 성과 이름을 함께 표기하였습니다.

미국사 편지

처음 읽는
이웃 나라 역사

안효상 글 ★ 김상인 그림

책과함께어린이

미국은 우리에게 먼 나라일까, 아니면 아주 가까운 나라일까

　미국이라는 나라의 이야기를 하기 전에 몇 가지 질문을 해 볼까 해. 우선 오늘날 세계에서 가장 강한 나라는? 여기에 대한 답은 미국이라고 할 수 있겠지. 전보다 약해지긴 했지만 여전히 미국보다 강한 나라는 없으니까 말이야. 다음으로 미국은 우리에게 먼 나라일까, 아니면 아주 가까운 나라일까? 끝으로 미국은 누가 만들었을까? 이 책은 이런 질문에 역사라는 프리즘으로 답하려는 거야.

　지리적으로 보면 미국은 우리와 멀리 떨어져 있어. 서울에서 미국 서부의 로스앤젤레스까지는 1만 킬로미터가 좀 안 될 정도야. 비행기를 타면 12시간은 걸려. 미국의 수도인 워싱턴까지는 2시간은 더 가야 돼. 하지만 이렇게 거리는 멀어도 미국은 우리에게 정말 가까운 나라란다. 경제적인 면에서 미국은 중국에 이어 두 번째 교역 상대국이야. 하지만 이보다 더 중요한 건 미국이 한국과 한반도에 미치는 영향력이란다.

　제2차 세계 대전에서 일본이 패배하면서 미국은 한반도 남쪽에 발을 디뎠어. 그 이후 한국 전쟁 때에는 한국과 함께 북한과 싸웠고, 지금도 우리나라에는 육군과 공군을 합쳐 3만 명 가까운 미군이 머물고 있단다. 또한 미국은 대한민국 건국 이래 정치를 좌지우지했다고 해도 지나치지 않아. 어떤 때는 드러내 놓고, 또 어떤 때는 조용하게 우리나라를 자기 뜻대로 하려고 했단다. 이뿐만이 아니라 문화적인 면에서도 한국은 미국의 영향을 많이 받았어. 많은 사람들이 미국에서 공부를 하고 돌아왔고, 할리우드 영화가 상징하는 미국의 대중문화는 우리의 삶 구석구석까지 스며들어 있단다.

그러다 보니 미국을 싫어하거나 비판하는 사람들도 많아졌어. 가장 큰 이유는 미국이 너무 일방적이고 자국의 이익만을 바란다는 거지. 물론 우리의 힘이 커지면서 이런 생각도 하게 된 거야. 그러니 앞으로는 좀 더 대등한 관계를 만들어야겠지. 하지만 여전히 가장 힘이 센 나라인 미국의 힘이 한국과 한반도, 더 나아가 동북아시아까지 계속해서 영향을 미칠 거란다. 그러니 미국이 어떤 나라인지 그 어느 때보다 잘 알아야 하겠지. 이를 위한 게 미국 역사에 대한 공부겠지.

미국의 역사는 수많은 사람들이 어떻게 미국이라는 나라를 만들었는지에 관한 이야기야. 보통 유럽인, 특히 영국인들이 대서양을 건너가 만든 게 미국이라고 한단다. 하지만 그들만의 힘으로 미국을 만든 게 아니야. 유럽인보다 먼저 아메리카 대륙에 살고 있던 원주민, 노예로 끌려온 아프리카 사람들, 전 세계에서 들어온 이민자가 함께 만든 게 오늘의 미국이란다. 그들이 어떤 바람을 가지고 어떤 노력으로 이 나라를 만들었을까, 이게 우리가 알고자 하는 거야.

자, 그럼 앞서 말한 질문을 떠올리며 미국의 역사라는 여행길을 떠나 보자!

2015년 1월

안효상

| 차례 |

머리말   4

01 아메리카에 온 유럽인   10
★ 콜럼버스의 교환   22

02 종교의 자유를 찾아서   24
★ 영국이 프랑스를 물리치다   34

03 보스턴 티 파티 사건에서 독립 전쟁으로   36
★ "자유가 아니면 죽음을 달라!"   47

04 《상식》과 〈독립 선언서〉   48

05 미합중국의 국민은 누구인가?   58
★ 조지 워싱턴의 고별사   69

06 넓어지는 영토   70
★ 골드러시와 '49년의 사람들'   80

07 자유를 위한 투쟁   82

08 노예 문제로 시작된 남북 전쟁   94

09 헤이마켓 사건과 노동자의 삶	108
10 강대국으로 올라서는 미국	120
★ 미국에 저항한 필리핀 사람들	130
11 새로운 먹거리, 새로운 문화	132
12 세계 대전의 시대	142
★ 핵무기 없는 세상을 향하여	153
13 꽃피우는 대중문화와 거품 경제	154
14 무너지는 경제, 뉴딜로 세우다	166
★ 대공황의 교훈	177
15 전쟁이 끝나고 찾아온 새로운 세계	178
16 더 평등한 사회로	190
★ 베트남 전쟁의 비극	200
17 새로운 미국	202
–《미국사 편지》에 나오는 미국과 우리나라의 흐름 비교 연표	214

미국의 50개 주

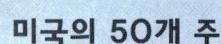

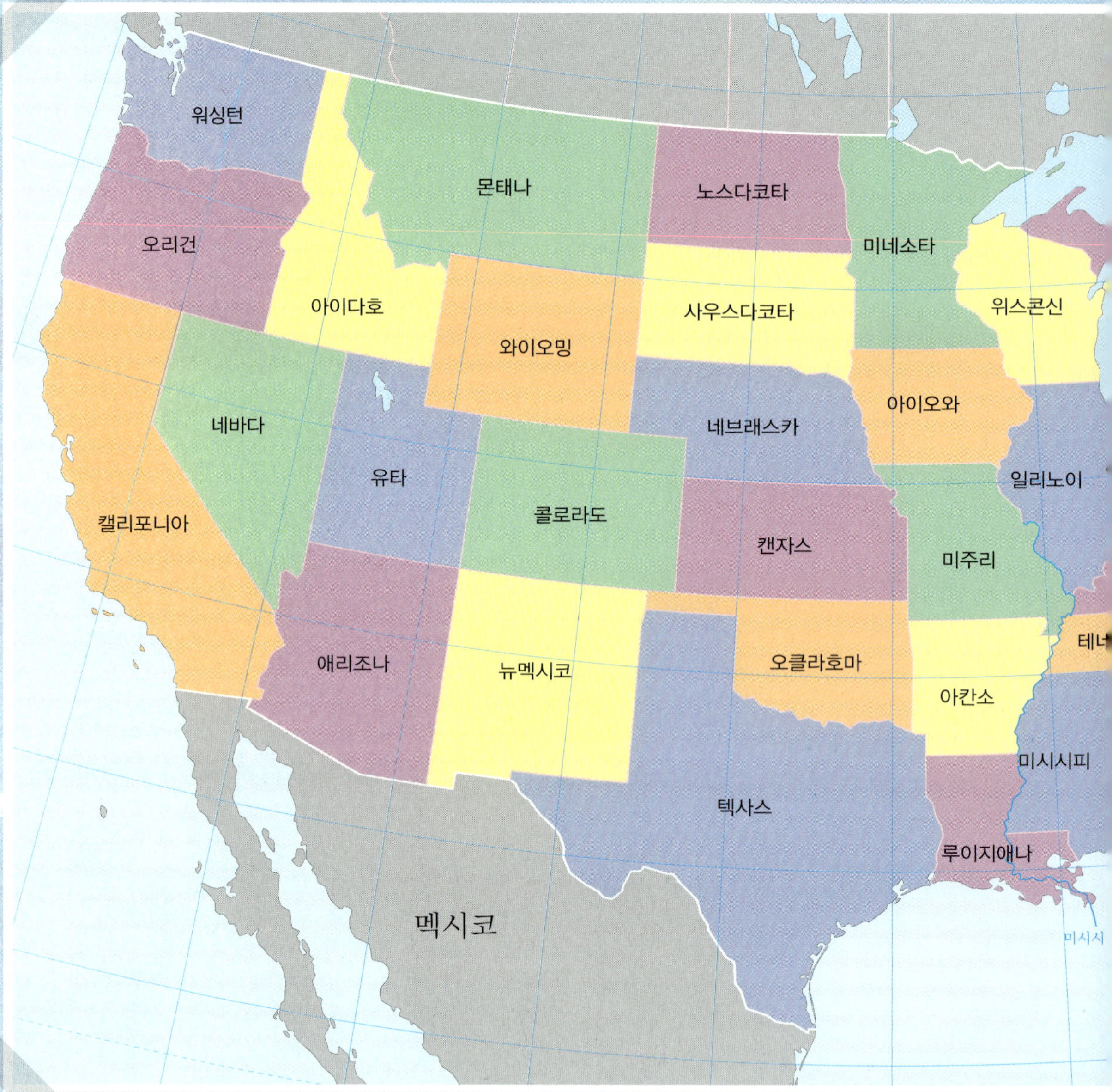

워싱턴
몬태나
노스다코타
오리건
미네소타
아이다호
사우스다코타
위스콘신
와이오밍
아이오와
네바다
네브래스카
유타
일리노이
콜로라도
캘리포니아
캔자스
미주리
테네
애리조나
뉴멕시코
오클라호마
아칸소
미시시피
텍사스
루이지애나
멕시코
미시시

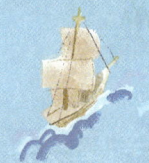

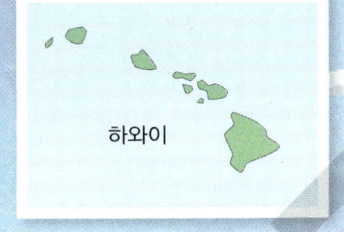

| 세례를 받는 포카혼타스

아메리카에 온 유럽인
01

1607년
영국, 북아메리카에 제임스타운 건설

1620년
〈메이플라워 서약〉 작성

1773년
보스턴 티 파티 사건

1776년
〈독립 선언서〉 발표

1787년
연방 헌법 제정

1803년
루이지애나를 사들임

1852년
비처, 《톰 아저씨의 오두막》 출간

1861년
남북 전쟁이 일어남

1886년
헤이마켓 사건

1898년
미국-스페인 전쟁

1903년
프로 야구 월드시리즈 시작

1917년
세계 대전 참전

1920년
최초의 라디오 상업 방송 시작

1929년
대공황 시작

1947년
마셜 플랜 시행

1963년
워싱턴 행진

2001년
9.11 테러

1995년에 미국의 월트디즈니사가 만든 〈포카혼타스〉라는 애니메이션을 본 적 있니? 인디언 추장의 딸인 포카혼타스가 영국인 존 스미스와 사랑에 빠지는 이야기야. 아메리카로 온 영국인과 인디언 사이에 싸움이 벌어졌을 때 포로로 잡힌 존 스미스를 포카혼타스가 구해 주면서 둘은 사랑에 빠져 결혼을 하지. 나중에 탐욕스러운 일부 백인들이 인디언 마을을 공격했을 때 존 스미스가 몸을 던져 추장을 구하면서 갈등이 멈추고 평화가 찾아오는 것으로 되어 있단다.

옛 동화나 전설을 지극히 아름다운 이야기로 바꿔 내는 디즈니의 솜씨가 〈포카혼타스〉에서도 유감없이 발휘되었다고 할 수 있어.

하지만 사실은 많이 다르단다. 아니 더 정확히 말하면 부분 부분의 사실을 이리저리 맞춰 식민지 건설 시기 미국의 역사를 편안한 마음으로 볼 수 있게 '왜곡'했다고 해야 할 거야.

최초의 식민지 제임스타운

크리스토퍼 콜럼버스

15세기 중반부터 유럽인들은 아시아로 가는 새로운 뱃길을 찾아 나섰어. 당시 유럽은 아시아에서 차, 비단, 도자기, 향신료 같은 귀한 물건들을 들여오며 활발하게 거래해 오고 있었거든. 그래서 유럽인들은 바다를 통해 아시아로 빨리 갈 수 있는 길을 찾았던 거야.

포르투갈 사람들은 아프리카 대륙을 돌아서 가려고 했어. 여러 사람이 여기에 나섰는데, 결국 1498년에야 바스코 다 가마라는 사람이 아프리카를 돌아 인도에 도착했단다. 에스파냐(스페인)는 이보다 앞서 서쪽으로 돌아가는 길을 찾았어.

여기에 나선 사람이 이탈리아 출신의 크리스토퍼 콜럼버스야. 그는 지구가 둥글다고 굳게 믿었어. 그래서 서쪽으로 가다 보면 아시아가 나올 거라 생각했어. 지구가 둥글다는 건 오늘날에야 당연한 생각이지만 당시에는 모두가 그렇게 생각한 건 아니었어. 하지만 콜럼버스가 미처 몰랐던 게 있지. 지구가 그가 생각한 것보다 훨씬 크다는 거야. 게다가 유럽과 아시아 가운데 오늘날 아메리카라 불리는 대륙이 있다는 거지.

1492년 여름, 세 척의 배를 이끌고 항해를 시작한 콜럼버스는 10주 만에 육지를 발견했어. 그는 이곳이 아시아의 일부라고 생각했지만, 아메리카였단다. 이후 에스파냐 사람들은 이곳을 식민지로 만들었어.

영국은 이보다 늦었어. 17세기가 시작되어서야 북아메리카 대륙에 식민지를 만들기 시작했단다. 영국이 에스파냐와 달랐던 점은 왕실이 아니라 회사들이 식민지 사업에 나선 거야. 1605년에 자본가들이 모여 런던 버지니아와 플리머스 버지니아라는 회사를 만들고 국왕에게서 버지니아라 불리는 지역의 사업권을 받아냈단다. 여기서 말하는 버지니아는 지금의 미국 버지니아 주를 포함해서 북아메리카 동부 해안 일대를 가리켜.

바스코 다 가마

아메리카에 온 유럽인 | 13

버지니아를 담은 지도
존 스미스의 설명을 토대로 그려진 당시 버지니아의 지도야. 왼쪽 위에 그려진 사람들은 포와탄 원주민을 표현한 거란다. 지도의 대부분이 포와탄 원주민의 지역으로 표시되어 있어.

　1607년 초에 버지니아 회사 소속인 세 척의 배에 120명이 타고 영국을 출발했단다. 항해는 멀고 험했어. 그해 4월 말 북아메리카에 도착한 사람은 104명이었단다. 도중에 16명이 죽은 거지. 남은 사람들은 체사피크 만에 제임스타운이라는 정착지를 건설했어. 하지만 고난은 이제부터였단다.

　제임스타운이 들어선 곳은 농사 짓기에 썩 좋은 곳이 아니었어. 말라리아 같은 전염병이 도는 곳이기도 했고. 게다가 처음 도착한 4월 말은 한 해 농사를 짓기에는 너무 늦은 때였어. 이것만이 아니야. 언제나 그랬던 것은 아니지만 주변 인디언들은 백인들을 낯선 침입자라고 생각해서 공격하기도 했지. 이렇게 제임스타운의 어려움은 계속되었고, 이주민들이 굶주린 나머지 인육을 먹었다는 이야기까지 들렸단다.

이런 제임스타운이 자리를 잡은 건 존 스미스 선장 덕분이야. 존 스미스는 여러 차례 탐험을 해 본 강인한 뱃사람이었고, 강한 지도력이 있는 사람이었어. 게다가 뛰어난 장사꾼이기도 했지. 그 덕분에 1608년 여름 이후 제임스타운은 조금씩 안정을 찾아갔어. 여기에는 인디언들도 한몫했단다. 제임스타운은 주변 인디언들과 교역하지 않으면 살기 힘들었거든. 인디언들은 제임스타운 사람들에게 옥수수와 고구마 재배법을 알려 주고 주변 자연 환경에 관한 지식도 전수해 주었단다.

하지만 시간이 흐르면서 영국 이주민들은 인디언과 싸우기 시작했어. 인디언들이 도와준 것은 잊어버리고 인디언의 땅을 빼앗기 위해 싸움을 벌였단다. 존 스미스가 포카혼타스를 만난 건 이런 상황에서였어.

어느 날, 존 스미스가 인디언들에게 사로잡혔고, 처형당하려는 순간 포와탄 추장의 딸 포카혼타스가 뛰어들어 그를 구했다고 해. 그런데 이건 존 스미스가 하는 이야기이고, 사실은 어떤지 알 수 없단다. 하지만 존 스미스가 포와탄 인디언들과 이런저런 관계가 있었고, 포카혼타스가 그와 친했다는 건 사실일 거야. 1609년 가을에 존 스미스가 제임스타운을 떠나 새로운 탐험길에 오른 다음에도 포카혼타스는 백인 이주민들과 친하게 지냈다

交易
사귈 교 바꿀 역

고 하니까 말이야. 어쨌거나 포카혼타스는 백인과 인디언이 싸우는 와중에도 화해와 평화의 교류를 위한 상징적 인물이었어.

세례를 받은 포카혼타스

존 스미스가 제임스타운의 기틀을 잡기는 했지만, 그렇다고 쉽게 삶이 나아지지는 않았어. 그런 제임스타운의 진정한 구세주가 된 사람은 존 롤프라는 인물이야. 어떻게 하면 제임스타운을 살릴 수 있을까 고민하던 존 롤프는 1612년에 담배를 재배하는 데 성공했어. 이른바 '신대륙 발견' 이후 유럽에 퍼진 담배는 이때쯤 주요한 기호품이 되었거든. 이제 제임스타운은 유럽에 담배를 수출해서 먹고살 길이 열린 거지.

존 스미스를 구하는 포카혼타스
포카혼타스는 포와탄 추장의 딸이며, 본명은 마토와카야. 포카혼타스는 '장난꾸러기' 정도의 뜻으로 그녀의 별명이었어.

그러는 사이에 포카혼타스가 백인들에게 인질로 잡혔어. 이때 존 롤프를 만났고, 서로 사랑에 빠졌다고 해. 이게 디즈니 애니메이션과 다른 점이지. 두 사람은 1614년 4월에 결혼했어. 포카혼타스는 기독교 세례를 받고 이름도 레베카로 바꾸어 레베카 롤프가 되었단다.

⚜ 콜럼버스 이전의 아메리카 ⚜

아메리카를 발견한 사람은? 이런 질문을 던지면 과거에는 대부분 콜럼버스라고 대답했어. 하지만 지금은 그렇게 말하는 사람들이 많지 않단다. 1492년 콜럼버스가 아메리카 대륙에 발을 내딛기 이전에 이미 수많은 '사람들'이 이곳에 살고 있었으니까 말이야. 콜럼버스가 도착했을 때 아메리카에는 수천만 명이 넘는 사람들이 살고 있었어. 콜럼버스가 이들을 인도 사람이라 생각해 인디언이라 부르면서 원주민들을 가리켜 인디언이라 부르기 시작했지.

아즈텍 문명 기록화

그럼 언제부터 아메리카 대륙에 사람이 살았을까? 대략 1만 5000년 전에 시베리아에 살던 사람들이 베링 해협을 건너 아메리카로 갔을 거야. 당시에는 베링 해협이 육지였거든. 건너간 건 사냥감을 찾기 위해서였고. 그러다 아메리카 대륙 곳곳에 흩어져 살게 되었단다.

이들은 다양한 문화를 만들어 냈어. 오늘날 멕시코가 된 중앙아메리카가 가장 문화가 발전한 곳이었지. 이곳에서 마야 문명과 아즈텍 문명이 꽃을 피웠단다.

남아메리카 잉카 문명의 유적인 마추픽추

아메리카에 온 유럽인 | 17

改宗
고칠 개 마루 종

존 롤프와 포카혼타스의 결혼은 양쪽의 평화를 굳건히 하는 상징으로 받아들여졌어. 그 평화란 게 잠깐이긴 했지만 말이야. 또 하나 중요한 것은 포카혼타스가 기독교로 개종한 거야. 영국인을 비롯한 유럽인들은 분명 귀금속 등을 찾아 '신대륙'으로 갔어. 하지만 겉으로는 '미개인'을 문명으로 이끌어야 한다는 명분을 내세웠단다. 이때 문명이라는 건 기독교 문명을 말하지. 그런 영국인에게 포카혼타스의 개종은 명분에 맞는 일이었단다.

그래서 식민지를 개발하는 런던 버지니아 회사는 이제는 레베카 롤프가 된 포카혼타스를 영국으로 초청했어. 1616년 6월 레베카 롤프, 존 롤프 그리고 둘 사이에서 태어난 토머스 롤프가 영국에 도착했어. 영국인들에게 포와탄 제국의 공주로 소개된 포카혼타스는 여러 사교 모임에 참석하고 국왕을 알현하기도 했단다. 하지만 다음 해 봄, 버지니아로 돌아가려고 했을 때 심각한 병에 걸려 죽고 말았어. 이때 포카혼타스의 나이 22살이었지.

포카혼타스는 식민지 건설 초기 영국인과 인디언의 관계를 상징적으로 보여 주는 인물이야. 이미 본 것처럼 낯선 땅에 도착한 영국인들은 생존하는 것 자체가 쉽지

포카혼타스의 초상화
존 롤프와 결혼한 후에 레베카 롤프가 된 포카혼타스를 담은 그림이야. 영국 복장을 하고 있으니 인디언으로는 보이지 않지?

않은 일이었어. 그런 영국인들에게 인디언은 살아갈 수 있는 방법을 가르쳐 준 고마운 존재지. 하지만 탐욕스러운 백인들은 인디언들의 땅을 빼앗았어. 그러면서 둘 사이에 충돌과 전쟁이 벌어지게 되었지. 이런 상황에서 포카혼타스는 백인과 인디언의 화해와 평화를 대변하는 셈이지. 디즈니 애니메이션이 그리려 했던 것도 바로 이거고.

아프리카 흑인들이 아메리카로 오다

포카혼타스가 죽고 2년 후 버지니아에는 이후 역사에 중요한 영향을 미치게 될 새로운 사람들이 들어왔어. 바로 아프리카 흑인들이지. 지금도 마찬가지이지만 담배 농사는 특히 일손이 많이 필요한 일이야. 그래서 영국에서 갖은 선전을 통해 사람들을 데려왔어. '신대륙'으로 건너가면 훨씬 자유롭게 자기 삶을 살 수 있고, 경제적으로도 더 나아진다는 선전이었지. 뱃삯을 낼 수 없는 사람들은 회사가 뱃삯을 부담하고 대신 5~7년간 의무적으로 일하게 했어. 의무 기간이 끝나면 자유의 몸이 되어 토지를 구입해서 정착할 수 있었지. 이런 사람들을 연한 계약 노동자라고 불러.

그래도 일손이 모자랐어. 그렇다고 살아가는 방식이 전혀 다른 인디언에게 일을 시킬 수는 없었지. 사람들은 아프리카 흑인들에게 눈을 돌렸고, 1619년에 네덜란드의 배가 20여 명의 아프

年限契約
해 연(년) 한계 한
맺을 계 묶을 약

리카 흑인을 처음으로 데리고 왔단다.

처음에 아프리카 흑인들은 노예로 온 게 아니었어. 다른 백인 노동자들과 마찬가지로 일정 기간 일을 하고 나면 자유의 몸이 되었단다. 하지만 흑인에 대한 차별 대우가 심해졌고, 나중에는 흑인이기 때문에 노예로 부릴 수 있다는 인종주의가 널리 퍼졌어. 그러면서 17세기 말에는 흑인 노예제가 자리 잡았단다.

북아메리카 대륙의 식민지가 점차 늘어나면서 흑인 노예의 숫자도 늘어났어. 식민지인들은 담배, 쌀, 사탕수수 같은 작물을 재배했어. 이런 일은 하나같이 힘든 일이었어. 그래서인지 영국에서 건너오는 백인 노동자는 점차 줄어들었지. 그러니 더욱더 흑인 노예에게 의존할 수밖에 없었지. 이미 1675년에 흑인 노예가 5000명을 넘었단다.

북아메리카뿐만 아니라 카리브 해 지역과 중앙아메리카와 남아메리카에서도 노예 수요가 많았어. 그러면서 노예 무역도 번창하게 되었단다.

흑인 노예들의 노동으로 북아메리카의 버지니아나 캐롤라이나 같은 남부의 식민지들이 번창할 수 있었어. 특히 노예를 수십 명에서 많게는 수백 명씩 소유한 대농장주들이 사회의 지배층으로 떠올랐지.

이렇게 북아메리카에서 세 종류의 사람들이 만난 게 미국 역사의 시작이란다. 오랫동안 그곳에서 살던 인디언, 즉 아메리카

人種主義
사람 인 씨 종
주인 주 옳을 의

인종 사이에 우열이 있다고 하며 차별의 근거로 삼는 것.

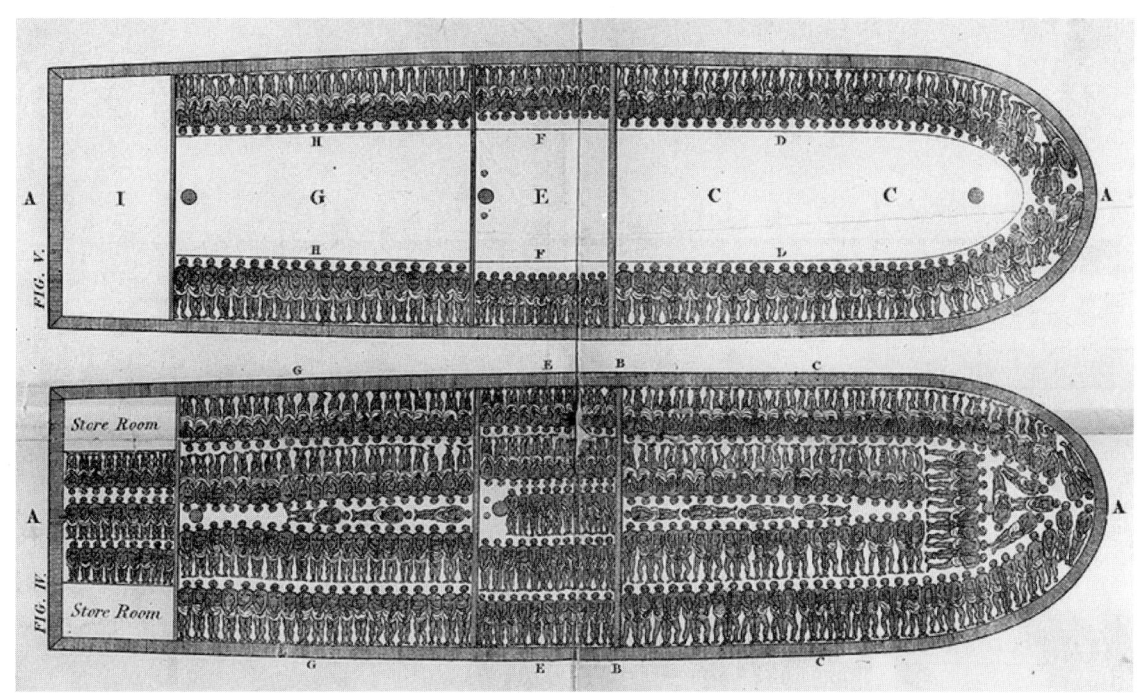

원주민, 새로이 살 곳을 찾아 대서양을 건너온 영국인을 비롯한 유럽인, 그리고 쇠사슬에 묶여 바다를 건넜던 아프리카 사람들. 이들이 모여 이후 미국이라는 나라를 만들게 되지.

배에 빼곡히 실린 흑인들
노예 무역상들은 아프리카 서부 해안에서 흑인 노예를 사서 대서양을 건넜어. 노예들을 쇠사슬에 묶어 짐짝처럼 배에 빼곡히 실었단다. 그러니 이 항해가 얼마나 고통스러웠을지 짐작이 가지. 이렇게 대서양을 건넌 숫자가 19세기 초 노예 무역이 금지될 때까지 1000만 명이 넘었단다.

콜럼버스의 교환

콜럼버스가 아메리카 대륙에 도착했을 때 이곳에는 이미 수천만이 넘는 사람들이 살고 있었어. 그러니 '발견'이라는 말을 쓸 수는 없지. 그래서 어떤 사람들은 콜럼버스를 비롯한 유럽인이 아메리카 대륙에 와서 원래 살던 사람들과 만난 것을 콜럼버스의 교환이라고 불러. 서로 주고받은 게 있다는 거야.

눈에 띄진 않지만 큰 영향을 미친 건 병원균을 주고받은 거야. 대표적인 게 유럽인이 가져온 천연두야. 유럽을 비롯한 구대륙에서는 오래전부터 천연두가 있었어. 한번 발생하면 많은 사람들이 죽었지만, 그렇게 천연두를 겪으면서 유럽 사람들에게 면역이 생겼단다. 하지만 천연두를 겪어 본 적이 없는 신대륙의 아메리카 사람들은 면역이 전혀 없었지. 이 때문에 손쉽게 정복당했고, 많은 사람들이 죽었단다.

아메리카 사람들이 유럽인에게 옮긴 건 성병의 하나인 매독이야. 매독도 꽤나 치명적인 질병이긴 해. 그래도 천연두에 비할 바는 아니었지. 이런 병원균만이 아니

라 다양한 동식물이 인간들의 만남과 함께 옮겨 갔어.

이런 콜럼버스의 교환에서 이득을 본 건 유럽인이었어. 유럽인들은 아메리카에서 어마어마한 양의 금과 은을 유럽으로 가져갔어. 또한 아메리카 원주민이나 흑인 노예를 시켜 사탕수수 같은 작물을 재배해서 이 또한 유럽으로 가져갔지. 이를 통해 엄청난 돈을 벌었고 이게 산업 혁명처럼 경제적 도약을 뒷받침했단다. 한마디로 아메리카가 없었다면 유럽은 경제 발전을 하기 힘들었고, 세계를 제패하지도 못했을 거야.

아메리카에 도착한 콜럼버스
1492년 아메리카 대륙에 도착한 콜럼버스를 상상한 그림이야. 원주민들이 호기심과 두려움으로 콜럼버스 일행에게 다가가 새로운 문물을 구경하고 있구나.

| 메이플라워호가 출항한 플리머스

종교의 자유를 찾아서 02

- **1607년**
  영국, 북아메리카에 제임스타운 건설
- **1620년**
  〈메이플라워 서약〉 작성

- **1773년**
  보스턴 티 파티 사건
- **1776년**
  〈독립 선언서〉 발표
- **1787년**
  연방 헌법 제정
- **1803년**
  루이지애나를 사들임
- **1852년**
  비처, 《톰 아저씨의 오두막》 출간
- **1861년**
  남북 전쟁이 일어남
- **1886년**
  헤이마켓 사건
- **1898년**
  미국-스페인 전쟁
- **1903년**
  프로 야구 월드시리즈 시작
- **1917년**
  세계 대전 참전
- **1920년**
  최초의 라디오 상업 방송 시작
- **1929년**
  대공황 시작
- **1947년**
  마셜 플랜 시행
- **1963년**
  워싱턴 행진
- **2001년**
  9.11 테러

이번에는 종교의 자유를 찾아 북아메리카로 온 사람들 이야기를 할까 해. 필그림이나 청교도라고 불리는 사람들이지. 당시 유럽은 종교 개혁의 소용돌이에 휘말려 있던 때야. 중세 이래 유럽 사람들은 로마 교회가 중심이 된 가톨릭을 믿고 있었어. 하지만 독일 지역의 마르틴 루터라는 사람이 1517년에 교리의 차이로 다른 해석을 주장하면서 종교 개혁이 시작되었어. 그러면서 이제 기독교는 크게 가톨릭과 개신교로 나누어지게 되었고, 서로 싸웠단다.

필그림 파더스, 나라를 세우다

유럽 대륙에서 시작된 종교 개혁의 흐름은 영국도 비켜가지 않았어. 하지만 다른 점이 있었어. 영국 국왕인 헨리 8세의 이혼 문제로 종교 개혁이 시작되었다는 거야.

1509년에 왕위에 오른 헨리 8세의 첫 번째 아내는 에스파냐 왕실의 캐서린이었어. 그런데 둘 사이에는 딸만 하나 있었고 아들이 없었단다. 그래서 헨리 8세는 이혼을 하고, 다른 사람과 결혼하고자 했어. 하지만 로마 교황청이 이혼을 허락하지 않았지.

그러자 헨리 8세는 1534년에 로마 가톨릭 교회와 단절하고 수장령을 선포했단다. 이에 따라 영국 국교회가 성립되어 국왕이 교회의 우두머리가 되었단다. 이후 헨리 8세는 가톨릭 교회와 수도원을 해산하고 재산을 몰수하기도 했지.

영국의 종교 개혁이 이런 식으로 이루어지다 보니 해석의 차이 같은 문제는 별다른 쟁점이 되지 않았어. 가톨릭과 국교회가 별 차이가 나지 않게 되었지. 그러니 국교회 안팎에서 국교회를 비판하면서 철저한 개혁을 요구하는 목소리가 나왔어. 이들은 국교회의 가톨릭적 요소를 정화해야 한다고 주장했고, 그 덕분에 순수하다는 의미의 '퓨리턴', 즉 청교도라 불리게 되었어.

국왕이 우두머리인 국교회를 비판했으니 청교도들은 당연하게도 탄압을 받았단다. 그러니 영국을 떠나야겠다는 생각을 가

首長令
머리 수 길 장
하여금 령(영)

清敎徒
맑을 청 가르칠 교
무리 도

〈메이플라워 서약〉을 작성하는 사람들
메이플라워호에 탔던 사람들 가운데 41명이 선언문에 서약을 했어. 식민지에 맞게 정치 체제와 법률, 헌법 등을 만들겠다는 내용이야.

진 사람들이 나왔지. 결국 1620년에 이들 가운데 일부가 메이플라워호를 타고 대서양을 건넜어. 새로운 땅을 찾아 새로운 교회를 세우러 떠나는 것이기 때문에 이들을 순례자라는 뜻의 '필그림 파더스'라고도 불러. 메이플라워호는 1620년 11월 오늘날의 프로빈스타운이 있는 해안가에 닿았어. 하지만 좀 더 항해를 해서 플리머스에 도착했지. 배에서 내리기 전에 이들은 스스로 자치 정부를 만든다는 선언문을 만들었단다. 이것이 북아메리카 최초의 성문 헌법이라 할 수 있는 〈메이플라워 서약〉이야.

종교의 자유를 찾아서 왔다 해도 낯선 곳에 정착해서 사는 것은 어려운 일이었지. 이듬해 봄까지 추위, 굶주림, 질병으로 전체 102명 가운데 50명 넘는 사람이 쓰러져 갔어. 이때 구세주처

成文憲法
이룰 성 글월 문
법 헌 법 법

인디언과 함께한 최초의 추수 감사절

한자리에 모인 이들은 칠면조 고기와 사슴 고기, 호박, 옥수수 등으로 사흘 동안 흥겨운 잔치를 벌였다고 해.

럼 나타난 게 스콴토라는 인디언이야. 어디서 영어를 배웠는지는 분명치 않지만 영어를 할 줄 아는 스콴토는 필그림과 이 지역 인디언들을 만나게 해 주었어. 인디언들은 제임스타운 때와 마찬가지로 농사짓는 법 등을 가르쳐 주었고.

인디언 덕분에 생존할 수 있었던 필그림은 그해 10월 첫 번째 수확을 기념해서 첫 잔치를 벌일 때 인디언들을 초대했단다.

종교적 자유의 땅, 로드아일랜드

필그림의 뒤를 이어 다른 청교도들도 북아메리카로 건너갔어. 1629년부터 영국 내전, 즉 청교도 혁명이 일어나는 1642년까지 2만 명 가까운 청교도가 아메리카로 향했단다. 이들이 자리 잡은 곳은 새로운 영국이라는 뜻의 뉴잉글랜드라고 해. 오늘날로

미국과 청교도 정신

미국이 너무 강한 나라라서 가끔 잊어버리는 게 미국의 역사가 200년을 조금 넘는다는 사실이지. 게다가 지금처럼 큰 나라도 아니었어. 북아메리카 대륙의 일부였을 뿐이야. 이런 나라가 아주 짧은 시간에 초강대국이 되었다는 건 사실 놀라운 일이야.

미국이 강한 나라가 된 데는 여러 가지 이유가 있겠지만, 그 가운데 하나로 청교도 정신을 들 수 있어. 청교도는 신의 구원을 받기 위해 지상에서 열심히 살아야 한다고 했어. 여기에는 돈을 많이 버는 것도 들어 있단다. 이게 가톨릭과 다른 점이야. 물론 그렇다고 번 돈을 마구 쓰면서 살라고 가르치진 않았어. 열심히 일해서 성공을 거두되 사는 건 청빈하게 살라고 했지.

그럼 번 돈은 어디에 써야 할까? 우선 더 많이 벌기 위해 돈을 투자하면 돼. 그러면 더 큰 성공을 거둘 것이고, 그건 구원의 징표가 된다고 생각했지. 이게 미국에서 자본주의가 발전할 수 있었던 원동력이야. 또 하나는 자선 사업을 하는 거지. 자본주의가 발전하면서 어렵게 사는 사람들도 늘었어. 그대로 놓아두면 사회적으로 큰 문제가 되지. 그래서 돈을 많이 번 기업가 가운데 일부가 돈을 내놓았단다.

이렇게 보면 미국인들에게 청교도 정신은 구원과 성공을 하나로 묶어 주는 일을 했단다. 미국 달러에 쓰여 있는 '우리는 신을 믿는다.'라는 문구가 이를 보여 줘.

'우리는 신을 믿는다(In God We Trust)'가 쓰여진 미국 달러

보자면 매사추세츠 주, 코네티컷 주, 로드아일랜드 주, 버몬트 주, 뉴햄프셔 주, 메인 주 등이야.

청교도는 성실히 일했으며, 경건하고 검소한 생활을 했어. 또한 부패한 구세계와 다른 신성한 사회를 이곳 신세계에 건설하겠다는 신념으로 살아갔단다. 이런 점에서 매사추세츠에 세워진 식민지들은 종교와 정치가 분리되지 않은 신정 사회라고 할 수 있단다. 신정 사회다 보니까 다른 종교를 믿는 게 허용되지 않았어. 오직 청교도적인 신념과 교리에 따라서 살아야 하는 곳이 되었지. 참 이상하지? 영국에서는 종교의 자유를 누리지 못해 북아메리카로 온 사람들이 다시 종교의 자유가 없는 사회를 만들었으니까 말이야.

이런 가운데 로저 윌리엄스라는 젊은 목사가 반기를 들었어. 보스턴 인근의 세일럼에서 목회 활동을 하던 윌리엄스 목사는 정치와 종교가 분리되어야 할 뿐만 아니라 완전한 종교의 자유를 누릴 수 있어야 한다고 주장했어. 더 나아가 인디언의 땅을 마음대로 빼앗아서는 안 된다고도 했단다.

다른 청교도는 이런 윌리엄스 목사를 박해했어.

神政社會
귀신 신 정사 정
모일 사 모일 회

신의 대변자인 사제가 통치하는 사회.

생명의 위협을 느낀 윌리엄스 목사는 1636년에 인디언들이 사는 곳으로 도망쳤지. 그러다 인디언들에게 땅을 산 다음 자신과 뜻을 같이 하는 사람들과 프로비던스라는 마을을 만들었어. 1644년에는 영국 의회로부터 특허장을 받아 로드아일랜드 식민지를 수립했단다.

인디언과 만난 로저 윌리엄스
로드아일랜드에 살고 있던 인디언들과 만난 로저 윌리엄스는 그들의 도움을 받아 종교의 자유가 있는 새로운 보금자리를 일구었단다.

로드아일랜드는 이런 식으로 만들어졌기 때문에 종교의 자유가 가장 완벽하게 이루어지는 곳이었어. 그 덕분에 다양한 교파의 사람들이 모였지. 1657년에는 다른 식민지에서 쫓겨난 퀘이커 교도들에게 피난처를 제공하기 위해 '로드아일랜드 결의'를 선포하기도 했단다.

우애의 땅, 펜실베이니아

퀘이커 교도는 종교 개혁을 가장 급진적으로 밀고 나간 사람들이야. 퀘이커는 1650년 무렵 영국의 조지 폭스라는 사람이 결성한 교파에서 시작했어. '퀘이커'라는 말도 "신의 이름에 부들부들 떨라"는 조지 폭스의 가르침에서 비롯되었어. 이들은 청교도와 달리 모든 사람이 자기 안에 구원받을 수 있는 잠재적인 힘이 있으며, 이를 기르기만 하면 모두가 구원받을 수 있다고 했단다.

이런 교리였기 때문에 퀘이커 교도는 목사나 사제도 필요 없으며, 공식적인 교회 건물 같은 것도 형식적이라는 이유로 거부했어. 예배도 '모임'이라고 부르고 둘러앉아 조용히 묵상하는 방식으로 했단다. 그리고 모든 사람을 성별, 계급, 신분에 관계없이 동등하게 대했으며, '살인하지 말라'고 하는 계명을 철저하게 지키는 평화주의자의 면모를 보였단다.

그러니 당시로서는 기존 교회나 정부로부터 박해를 받을 수밖에 없었지. 찰스 2세가 영국의 국왕이었을 때는 3000명이 넘는 퀘이커 교도가 감옥에 갇히기도 했어. 종교의 자유를 찾아 도착한 북아메리카에서도 사정은 크게 다르지 않았단다. 앞서 본 것처럼 로드아일랜드를 빼면 모든 식민지가 퀘이커를 탄압하는 법률을 만들었거든.

이런 이유로 퀘이커 교도는 북아메리카에 독자적인 식민지를 만들고 싶어 했어. 이 일을 가능케 한 사람이 윌리엄 펜이라는 인물이야. 해군 제독의 아들인 윌리엄 펜은 1660년대 말에 퀘이커로 개종했고, 여러 차례 감옥에 끌려갔어. 그래도 명망 있는 귀족 아버지 덕분에 그때마다 풀려나긴 했지. 그는 조지 폭스와 함께 북아메리카 대륙에 퀘이커 식민지를 건설하기로 했어. 1681년에 아버지가 죽은 후에는 찰스 2세로부터 뉴욕과 메릴랜드 사이의 넓은 땅을 하사받았단다. 찰스 2세가 윌리엄 펜의 아버지에게 빚을 진 게 있었거든. 이곳이 윌리엄 펜의 아버지 이름

윌리엄 펜과 원주민의 교섭
가운데 서서 팔을 벌리고 있는 갈색 옷의 남자가 윌리엄 펜이야. 펜은 필라델피아를 세우기 위해 펜실베이니아에 살던 인디언들과 교섭했단다. 펜실베이니아는 '펜의 숲'이라는 뜻이야.

을 따서 펜실베이니아라는 식민지가 되었단다.

윌리엄 펜은 1682년에 펜실베이니아로 와서 직접 새로운 도시를 설계했어. 이 도시가 바로 필라델피아야. 필라델피아는 '우애의 도시'라는 뜻이란다. 모든 사람이 동등할 뿐만 아니라 다른 종교를 믿는 사람도 존중하는 퀘이커의 정신을 반영한 이름이라 할 수 있지. 이런 이유로 필라델피아를 비롯해 펜실베이니아 식민지에는 네덜란드와 독일의 퀘이커 교도, 그리고 다른 교파들도 많이 이주해 왔어. 그러면서 북아메리카 대륙에서 가장 국제적인 도시이자 문화의 중심지로 자리 잡게 되었단다.

영국이 프랑스를 물리치다

당연한 이야기이지만 영국 사람들만 북아메리카로 간 건 아니었어. 당시 유럽에서 가장 강한 나라였던 프랑스도 사람들을 보냈지. 프랑스인들은 주로 인디언에게 기독교를 전하고, 모피 교역을 했단다. 17세기 말 프랑스는 아메리카 대륙에 넓은 영토를 가지게 되었어. 퀘벡과 루이지애나를 비롯해 서쪽의 로키 산맥, 남쪽으로는 오늘날의 멕시코 국경 지역, 퀘벡 근처의 노바스코샤 같은 곳도 프랑스의 영역이었지.

유럽에서 영국과 프랑스가 본격적으로 경쟁하기 시작한 것은 명예혁명 이후야. 1688년에 일어난 명예혁명으로 영국은 국가를 재정비했단다. 그리고 밖으로 힘을 뻗치기 시작했지. 영국의 도전이 시작된 거지. 그러면서 여러 차례 전쟁이 벌어졌단다. 이런 전쟁은 식민지에서도 벌어졌어.

이런 전쟁 가운데 하나가 1754년부터 벌어진 프렌치-인디언 전쟁이야. 프랑스와 벌인 전쟁인데, 프랑스와 사이가 좋았던 인디언이 프랑스 편을 들어 영국에 맞섰단다. 그래서 이 전쟁을 이렇게 부르게 되었지. 영국과 프랑스 두 나라는 북아메리카만이 아니라 유럽에서도 싸우게 되었어. 유럽에

서는 '7년 전쟁'이라고 불러.

처음에는 영국이 고전했지만 결국 승리하게 돼. 전쟁을 마무리하기 위해 1763년에 두 나라는 파리 조약을 맺었어. 이 조약으로 영국은 서인도 제도의 몇몇 섬, 인도와 캐나다에 있는 대부분의 식민지, 미시시피 강 동쪽의 프랑스 식민지 등을 손에 넣었어. 더 나아가 프랑스는 뉴올리언스와 미시시피 강 서쪽 지역을 에스파냐에 넘겼단다. 이로써 영국은 서서히 대제국으로 발돋움하게 되는 기회를 잡았지.

이후 영국은 산업 혁명을 거치면서 더 힘을 키우게 돼. 이 힘을 바탕으로 19세기 초에는 나폴레옹이 이끄는 프랑스를 물리칠 수 있었단다. 덕분에 영국은 '해가 지지 않는 제국'으로 불리게 되었지.

19세기 미국의 커피 광고

보스턴 티 파티 사건에서 독립 전쟁으로

03

1607년
영국, 북아메리카에 제임스타운 건설

1620년
〈메이플라워 서약〉 작성

1773년
보스턴 티 파티 사건

1776년
〈독립 선언서〉 발표

1787년
연방 헌법 제정

1803년
루이지애나를 사들임

1852년
비처, 《톰 아저씨의 오두막》 출간

1861년
남북 전쟁이 일어남

1886년
헤이마켓 사건

1898년
미국-스페인 전쟁

1903년
프로 야구 월드시리즈 시작

1917년
세계 대전 참전

1920년
최초의 라디오 상업 방송 시작

1929년
대공황 시작

1947년
마셜 플랜 시행

1963년
워싱턴 행진

2001년
9.11 테러

영국이라는 나라를 생각하면 떠오르는 게 '잉글리시 티'라고 하는 차야. 지금은 영국인들도 커피를 많이 마시고 있지만, 여전히 차가 커피보다 두 배는 많이 팔린다고 해. 그런데 영국에서 건너간 미국인들은 차는 거의 마시지 않고 커피를 마신단다. 미국인들에게 차는 자신을 억압했던 영국을 떠올리는 기호품이거든. 이런 계기가 된 게 1773년에 있었던 보스턴 티 파티 사건이란다.

영국과 식민지의 충돌

프렌치-인디언 전쟁이 끝나면서 영국은 넓은 땅을 얻었어. 하지만 그만큼 부담도 늘어났지. 땅이 넓어졌다고 좋아할 일만은 아니야. 이를 잘 통치해야 하는 문제가 있거든. 게다가 전쟁을 하면서 영국 정부는 엄청난 빚더미에 올랐어. 나랏빚은 세금을 더 거두어 갚는 거 말고는 방법이 없지. 그래서 영국 정부는 이제까지 별다른 간섭을 하지 않던 북아메리카 식민지에 눈을 돌렸단다.

영국 의회는 1764년에 설탕법이라는 걸 만들었어. 북아메리카 식민지로 들어오는 설탕, 커피, 와인 등에 세금을 매기는 거야. 안 내던 세금을 새로 내라고 할 때 좋아할 사람은 별로 없단다. 더구나 그 세금이 다른 혜택으로 돌아오는 것도 아니고 식민지에서 멀리 떨어진 영국의 빚을 갚는 데 쓰이는 것이니 더 그렇지. 게다가 당시 식민지는 경제 불황을 겪고 있었어. 그러니 사람들의 불만은 더욱 높았지.

하지만 이런 불만에도 아랑곳하지 않고 영국 의회는 또 다른 세금을 부과했어. 그건 1765년에 만들어진 인지세법이야. 식민지에서 발행되는 모든 문서, 즉 신문과 법률 문서 등등에 인지를 사서 붙이게 한 거야. 그러니 식민지의 모든 사람들이 인지세법의 영향을 받게 되었고, 그만큼 불만도 널리 퍼졌단다.

印紙
도장 인 종이 지
수수료나 세금 등을 냈다는 증명으로 붙이는 종이 표.

식민지인들의 불만은 새로 세금을 부과한 것에만 있지 않았어. 스스로 자치 정부를 만들겠다는 〈메이플라워 서약〉 기억나지? 이처럼 북아메리카 식민지는 오랫동안 자치의 전통이 있었기 때문에 자기가 내는 세금인데 자기와 무관한 곳, 그러니까 멀리 떨어져 있는 영국 의회가 세금을 결정한다는 것에 더 큰 불만이 있었단다.

인지세법에 맞서기 위해 같은 해 10월, 9개 식민지 대표가 뉴욕에서 이른바 인지세법 회의를 열었어. 이들은 식민지 의회를 거치지 않고는 식민지에 세금을 거둘 수 없다는 내용의 탄원서를 만들어 영국 정부에 보냈단다.

새로운 세금에 대한 저항은 거리에서도 터져 나왔어. 보스턴에서는 스스로를 '자유의 아들들'이라고 부르는 사람들이 인지를 불태웠고, 총독과 관리들의 집을 공격하기도 했단다. 이와 함께 영국 상품에 대한 불매 운동도 커졌어. 불매 운동은 설탕법 때부터 시작되었는데, 인지세법 이후 더욱

불타는 가스페이호
영국이 식민지인 아메리카에 새로운 세금을 매기면서 불법 거래가 늘었어. 이를 단속하는 배가 돌아다녔는데 어느 날 이 배가 암초에 부딪히자 식민지 사람들이 불을 질렀단다.

널리 퍼진 거지.

결국 영국 정부는 손을 들고 말았어. 1766년 3월에 영국 의회는 인지세법을 폐지했단다. 하지만 북아메리카 식민지인들은 이 과정에서 어렴풋이나마 자신들의 목표가 무엇인지를 깨닫고 있었어. 그건 바로 독립이었단다.

인지세법을 폐지하긴 했지만 영국 정부가 식민지에 대한 간섭을 그만둔 건 아니었어. 1767년에는 식민지로 수입되는 다양한 상품(흑연, 페인트, 종이, 차 등)에 세금을 매기는 타운센드 관세법을 만들었어. 더 나아가 여기에 대한 항의가 거세지자 군대를 파견했단다.

영국이 보낸 4개 연대는 저항의 중심지인 보스턴에 주둔하게 되었어. 이들과 식민지인들 사이에 사소한 충돌이 자주 있었단다. 그러다가 1770년 3월 5일 밤, 부두의 노동자들과 영국군 부대 사이에 싸움이 벌어졌고, 영국군이 총을 쏘아 5명의 식민지인이 죽었단다. 식민지인들은 이 사건을 '보스턴 학살'이라고 부르면서 영국과 맞서 싸우겠다는 결의를 다졌지.

보스턴 티 파티 사건

'보스턴 학살'이 있던 날 영국 의회는 타운센드 관세법을 폐지했단다. 그러면서 당장은 식민지도 다시 평온을 찾는 듯했어. 하지

보스턴 학살
보스턴 학살 사건 당시 보스턴에서 벌어졌던 사건을 담은 신문 그림이야.

만 조그만 불씨가 생긴다면 언제라도 폭발할 상태였단다.

그런 불씨 노릇을 한 건 역시 또 다른 세금이었어. 당시 영국의 동인도 회사는 많은 양의 차 재고를 가지고 있었어. 영국 정부는 이 회사를 살리기 위해 차 세법을 만들었어. 이 법에 따르면 동인도 회사는 세금을 내지 않고도 차를 식민지에 수출할 수 있었어. 이에 반해 식민지 상인들은 세금을 내야 했고 말이야. 그러니 동인도 회사가 사실상 차 독점권을 쥐게 된 거지.

이에 대해 식민지인들은 전과 마찬가지로 차 불매 운동으로 맞섰어. 여기서 두드러진 것은 여성들이 차 불매 운동을 이끌었다는 거야. 이들은 '자유의 딸들'이라는 단체를 조직해서 활동했는데, "자유를 위해 차를 끊겠다."라고 선언했단다.

이렇게 긴장이 고조되는 가운데 1773년 12월 16일 저녁, 150여 명의 보스턴 사람들이 모호크 인디언으로 가장하고 항구에 있던 세 척의 배에 나누어 올랐어. 그 배들은 동인도 회사 소속으로 차를 싣고 있었지. 배에 오른 이들은 차 상자를 열어 모두 바다에 던져 버렸단다. 이게 바로 보스턴 티 파티 사건이야.

보스턴 티 파티 사건이 일어나자 영국은 더욱 강경하게 나왔어. 1774년 영국은 4개

獨占權
홀로 독 차지할 점
권세 권

보스턴 티 파티 사건 기념 우표
당시의 사건을 기념해서 만든 우표야. 티 파티 사건은 영국에게 폭동이었지만 미국 식민지인들에게는 기념할 만한 파티였어.

의 법을 만들어 보스턴 항구의 폐쇄, 보스턴이 있는 매사추세츠 정부의 권한 축소, 영국 군대에게 숙박과 식량 제공 등 '참을 수 없는' 내용을 발표했단다.

그러자 다른 식민지들이 들고 일어났어. 각 식민지 의회는 매사추세츠를 지지한다는 결의안을 통과시켰어. 각지의 여성 단체들은 영국 상품 불매 운동을 더욱 확대했단다. 이제 모든 식민지가 목소리를 모으기 시작했어.

❖ 북아메리카의 여러 식민지 ❖

미국에서 독립 전쟁이 벌어졌던 당시 북아메리카에는 13개의 식민지가 있었어. 동쪽의 위에서부터 뉴햄프셔, 매사추세츠, 로드아일랜드, 코네티컷, 뉴욕, 뉴저지, 펜실베이니아, 델라웨어, 메릴랜드, 버지니아, 노스캐롤라이나, 사우스캐롤라이나, 조지아란다. 이들 식민지는 각기 다른 시기에 만들어졌을 뿐만 아니라 독립적으로 운영되는 곳이었어.

그래도 영국 사람이라는 공통점이 있었기 때문에 서로 다른 나라라고는 생각하지 않았어. 또한 새로운 땅을 개척하는 식민지인이라는 공통점이 있었지. 이 때문에 이들은 영국에 맞서 하나가 되었고, 결국 미합중국이라는 하나의 나라를 만들 수 있었단다. 오늘날 미국 국기인 성조기의 바탕인 흰색과 빨간색의 13개 줄이 당시의 13개 식민지를 가리키는 거야. 그럼 성조기의 별은 무엇이냐고? 미국의 모든 주를 뜻해. 새로운 주가 생길 때마다 추가되어 지금은 50개가 되었단다.

렉싱턴에서 터진 최초의 총성

북아메리카의 식민지 의회는 영국에 맞서 모든 식민지가 참여하는 회의를 열기로 했어. 1774년 9월 5일부터 10월 26일까지 우애의 도시인 필라델피아에서 조지아를 제외한 모든 식민지 대표 56명이 모여 제1차 대륙 회의를 열었어.

대륙 회의에 모인 사람들은 의견이 다양하긴 했지만 중요한 결의안을 만들어 냈어. 1763년 이후 만들어진 모든 강압적인 법을 폐지하라고 요구했고, 영국 상품 불매 운동을 벌이기 위해 대륙 협회도 만들었어. 그리고 이런 요구를 영국 정부가 들어주지 않으면 다음 해 봄에 다시 모이기로 했단다.

첫 번째로 모인 대륙 회의가 당장 독립을 결의한 건

제1차 대륙 회의
첫 대륙 회의로 의견을 모으기 시작한 식민지 대표들이 먼저 자유를 위해 기도하는 모습이야.

아니야. 하지만 영국 정부가 이들의 요구를 들어줄 가능성은 거의 없었다는 걸 생각하면 식민지인들은 서서히 갈 길을 간 셈이란다. 이제 필요한 건 신호탄이었지.

그 신호탄은 다음 해 봄에 울려 퍼졌어. 대륙 회의가 열리면서 식민지인들은 무력 충돌에 대비해 무기와 탄약을 모으고, 군사 훈련도 시작했거든. 이들은 '민병대'라고 불러.

영국이 매사추세츠 총독으로 임명한 토머스 게이지 장군은 이 사실을 알고 선제공격을 하기로 마음먹었어. 1775년 4월 18일 밤, 게이지 장군은 1000명 규모의 부대를 보스턴에서 얼마 떨어져 있지 않은 렉싱턴으로 파견했어. 기습 공격을 해서 민병

民兵隊
백성 민 군사 병 무리 대

대가 모아 놓은 무기를 빼앗기 위해서였지. 하지만 민병대는 정보를 미리 알고 영국군을 기다리고 있었어.

다음 날 렉싱턴에 영국군이 도착하면서 총격전이 벌어졌어. 민병대 8명이 죽었고, 10명가량이 부상을 당했단다. 누가 먼저 쏘았는지는 알 수 없지만 렉싱턴의 총성으로 미국 혁명, 즉 독립 전쟁이 시작되었단다.

"자유가 아니면 죽음을 달라!"

북아메리카 식민지에 사는 사람들은 스스로를 영국인이라고 생각했어. 그러니 독립해야 한다는 생각은 별로 없었어. 하지만 영국이 계속해서 새로운 세금을 매기고, 군대를 보내 억압하니까 점차 생각이 바뀐 거야.

이렇게 바뀐 생각을 누구보다도 강경하게 말한 게 패트릭 헨리라는 버지니아의 정치가야. 그는 인지세법을 둘러싼 갈등이 벌어지던 1765년 5월, 버지니아 하원에서 이 법이 철회되지 않으면, 국왕 조지 3세가 교수형에 처해질 수도 있다는 식으로 연설했어. 당시로서는 놀라운 주장이었어. 그래서 어떤 사람들은 그의 주장을 '반역'이라고 생각했어.

이때보다 더 유명한 연설은 영국과 전쟁을 벌이기 직전인 1775년 3월에 있었어. 총을 들어야 하는가 말아야 하는가가 논쟁이었거든. 그러자 버지니아 하원 연단에 나선 그는 군대를 동원해서 영국과 싸워야 한다고 말하면서 연설 끝에 이렇게 말했다고 해. "나에게 자유가 아니라면 죽음을 달라!"

이 연설을 들은 사람들은 앞으로 나서며 "무기를 들자!"라고 외쳤다고 해. 이렇게 영국과 전쟁이 시작된 거야.

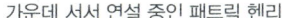

가운데 서서 연설 중인 패트릭 헨리

| 〈독립 선언서〉를 제출하는 토머스 제퍼슨

《상식》과 〈독립 선언서〉 04

1607년
영국, 북아메리카에 제임스타운 건설

1620년
〈메이플라워 서약〉 작성

1773년
보스턴 티 파티 사건

1776년
〈독립 선언서〉 발표

1787년
연방 헌법 제정

1803년
루이지애나를 사들임

1852년
비처, 《톰 아저씨의 오두막》 출간

1861년
남북 전쟁이 일어남

1886년
헤이마켓 사건

1898년
미국-스페인 전쟁

1903년
프로 야구 월드시리즈 시작

1917년
세계 대전 참전

1920년
최초의 라디오 상업 방송 시작

1929년
대공황 시작

1947년
마셜 플랜 시행

1963년
워싱턴 행진

2001년
9.11 테러

전쟁의 승패는 당연히 힘에 의해서 결정돼. 이때 힘이란 건 물론 군사력이야. 그런데 그보다 훨씬 더 중요한 건 사람이란다. 사람들이 어떤 생각으로 싸우느냐가 중요하지. 싸우는 사람들이 전쟁의 목표와 정당성을 깊고 넓게 믿고 있을 때 정말로 커다란 힘을 발휘하거든.

미국 혁명에서는 《상식》이라는 책자와 〈독립 선언서〉가 그런 역할을 했어. 여전히 자신들을 영국 사람이라고 생각하는 북아메리카 식민지인들에게 따로 나라를 세운다는 생각은 쉬운 일이 아니었지. 이런 상황에서 《상식》은 독립이 말 그대로 '상식'이라는 걸 말했고, 〈독립 선언서〉는 공식적으로 새로운 나라의 출범을 선언했단다.

독립이 상식이다

렉싱턴의 총성이 울린 한 달 후인 1775년 5월에 제2차 대륙 회의가 열렸어. 이때는 이미 총을 쏜 상태라 분위기가 뜨거웠단다. 게다가 몇몇 전투에서 승리를 거두었고, 영국군이 보스턴에서 철수하기도 했거든. 그렇긴 해도 여전히 독립은 너무 과한 일이라고 생각하는 사람들이 있었지. 영국의 조치가 참을 수 없는 것이긴 해도 이를 고치는 걸로 만족하자는 거야.

이런 상황에서 1776년 1월, 《상식》이라는 책자가 저자 이름을 밝히지 않은 채 발간되었어. 토머스 페인이라는 사람이 쓴 이 작은 책자는 분위기를 확 바꾸었단다. '상식'이라는 제목에서도 알 수 있듯이 토머스 페인은 "단순한 사실, 명백한 논거, 평범한 상식"에 근거해서 북아메리카 식민지의 독립이 상식임을 드러내고자 했어.

이를 위해 페인은 우선 영국의 군주제를 공격해. 군주란 전쟁을 벌이고 관직을 나누어 주는 것 이외에 하는 일이 없는 쓸모없는 존재이며, 그로 인해 국민들을 힘들고 가난하게 만든다는 것. 게다가 세습이라는 방식으로 왕이 되는 것은 모든 사람이 평등하다는 상식에 어긋나는 일이기도 하다는 것. 이런 군주가 있는 영국의 정치 체제는 부패한 나라이며, 따라서 여기서 벗어나는 것이 당연한 상식이라는 거야. 토머스 페인은 그러니 독립한

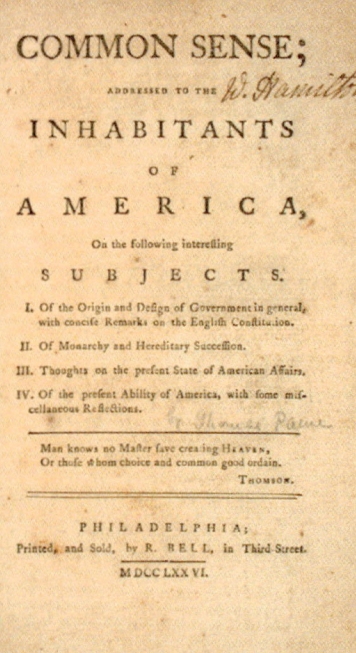

토머스 페인의 《상식》
영국에서 태어나 자란 토머스 페인은 필라델피아로 이주한 이후 《상식》을 펴내 미국의 독립 정신을 일깨웠고, 후에 독립 전쟁이 벌어졌을 때에도 《위기》를 펴내 글로 사람들을 고무시켰단다.

식민지는 민주적 공화제를 건설해야 한다고 주장했어. 이런 나라에서는 법률이 국왕의 역할을 대신해야 하며, 국민을 널리 대표할 수 있는 정치 제도를 만들어야 한다고 말했지.

　토머스 페인은 또한 독립의 현실성과 경제적 이득에 대해서도 썼어. 당시 영국과 관계를 끊으면 아메리카 식민지가 경제적으로 어려워질 거라 생각하는 사람들이 있었거든. 하지만 페인은 아메리카의 곡물은 유럽 시장에서 제값대로 팔릴 것이며, 필요한 물건은 다른 나라에서도 마찬가지로 살 수 있다고 말했어. 도리어 영국 한 나라에만 의존하는 것보다 독립 국가로서 자유롭게 교역하는 게 더 이득이라고 말한 셈이지.

共和制
한가지 공 화할 화
절제할 제

군주제와 달리 여러 사람들이 주권을 갖고 참여하는 정치 체제.

이렇게 깜짝 놀랄 만한 이야기들을 담은 《상식》은 출간된 즉시 베스트셀러가 되었어. 금세 10만 부가 팔렸고, 나중에는 50만 부를 넘어섰단다. 당시 북아메리카 식민지 인구가 60만 명의 노예를 포함해서 300만 명 정도였다는 것을 생각하면 어마어마하게 팔린 거지. 간단하게 말해 《상식》을 보지 않은 사람이 없다는 거지.

이제 아주 소수를 제외하곤 식민지의 독립이 '상식'이 되었어. 당시까지 상식이 아니었던 독립과 민주적 공화제라는 대담한 주장이 통쾌한 논박과 현실적인 미래를 명문으로 써 내려간 《상식》 덕분에 모두의 상식이 될 수 있었지. 이 '상식'은 〈독립 선언서〉로 이어진단다.

독립을 선언하다

《상식》이 출간된 후, 필라델피아 대륙 회의에 모인 식민지 대표자들은 이제 분명한 입장을 내놓아야만 했어. 1776년 6월, 대륙 회의는 공식적인 독립을 선언하기로 하고 선언문을 만들 위원회를 구성했단다. 여기에는 북아메리카의 원로이자 국제적으로도 유명한 벤저민 프랭클린, 매사추세츠 출신의 존 애덤스, 뉴욕의 로버트 리빙스턴, 코네티컷의 로저 셔먼, 그리고 남부인 버지니아의 토머스 제퍼슨이 참여했어.

독립을 두고 진행한 투표
제2차 대륙 회의에 모인 대표들은 투표를 통해 독립을 결정했단다.

   이 가운데 토머스 제퍼슨은 당시 젊은 나이이긴 했지만 변호사이자, 문필가로서 이름을 날리고 있었단다. 따라서 자연스럽게 〈독립 선언서〉의 초안을 쓰는 일이 제퍼슨에게 돌아갔지.
   〈독립 선언서〉는 이제는 너무나 유명한 다음과 같은 말로 시작해.
   "우리는 다음을 자명한 진리라고 생각한다. 모든 사람은 평등하게 태어났으며, 창조주는 남에게 넘겨줄 수 없는 몇몇 권리를 부여했다. 그러한 권리에는 생명, 자유, 행복의 추구가 있다."

여기에서 말하는 생명, 자유, 행복 추구의 권리를 지키기 위해 사람들은 정부를 만들었으며, 이렇게 만들어진 정부는 사람들이 동의했기 때문에 정당한 권력을 가질 수 있다는 내용이 이어진단다. 이런 이유로 정부가 사람들의 권리를 무시하거나 빼앗는 행위를 할 경우 정부를 바꾸거나 없앨 수 있다고까지 했지. 이런 내용은 영국의 정치사상가인 존 로크가 주장했던 사회계약론에 근거한 거야. 이렇게 제퍼슨은 〈독립 선언서〉를 통해 북아메리카 식민지인이 영국 정부로부터 벗어나 자신의 권리를 보장할 수 있는 정부를 세울 수 있다고 말하고 있단다.

이어 제퍼슨은 영국 국왕이 어떤 잘못을 저질렀는지를 조목조목 나열하고 있어. 그래야 독립과 새로운 정부 수립이 정당하다고 말할 수 있을 테니 말이야. 제퍼슨에 따르면, 국왕은 공익을 위해 필요한 법률을 제정하지 않은 잘못을 시작으로 식민지인을 괴롭히기 위해 많은 관리를 보내고, 평화로운 때에도 군대를 주둔시켰으며, 동의 없이 세금을 부과하고, 우리 주민의 생명을 빼앗았다고 해. 그래서 이런 일이 있을 때마다 바로잡아 달라고 탄원했으나 돌아온 것은 또 다른 박해뿐이었다고 말이

> **社會契約論**
> 모일 사 모일 회 묶을 계 맺을 약 말할 론(논)
> 개인은 자유의 권리를 지키기 위해 계약을 맺어 국가를 세우는데, 존 로크는 개인의 자유가 억압당하면 국가로부터 그 권리를 다시 뺏을 수 있다고 했다.

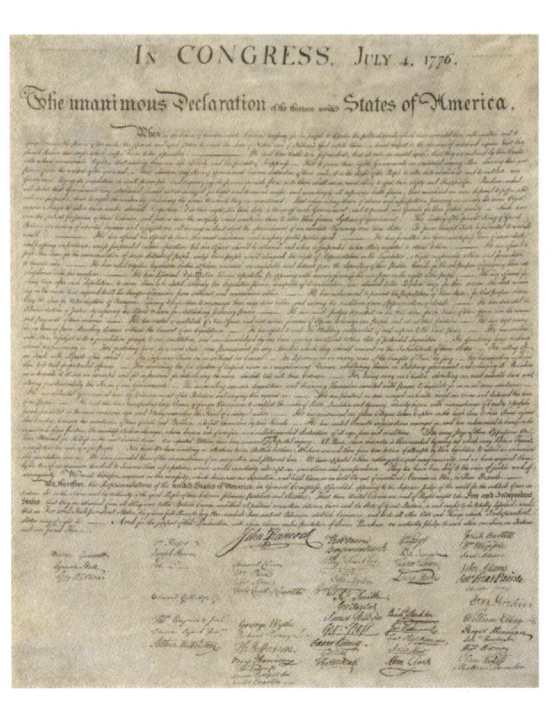

〈독립 선언서〉
토머스 제퍼슨이 첫 안을 작성해서 완성한 미국의 〈독립 선언서〉야. 이로써 미국은 독립을 세계에 알렸단다.

✦ 풀지 못한 문제로 남은 노예 무역 ✦

처음 헌법을 만들 때 가장 뜨거운 논란이 된 문제가 노예 무역이었어. 제퍼슨이 작성한 초안에는 영국 국왕의 잘못 가운데 노예 무역이 있었거든. 하지만 남부 대표들은 일부 북부 대표들과 손잡고 이 부분을 삭제하는 데 성공했어. 남부는 흑인 노예를 부려 대규모로 농사를 짓는 플랜테이션이 주된 산업이었거든. 그러니 노예 무역이 잘못된 일이라고 말하면 자신들도 잘못한 게 되는 거야. 사실 대륙 회의에 모인 대표자들은 남부에서 온 경우에는 대농장주이고, 북부 대표자는 주로 대상인이었거든. 여기에 법률가 같은 지식인들이 일부 있었고.

사실 토머스 제퍼슨도 버지니아의 부유한 농장주야. 당연히 거기에도 흑인 노예들이 있었고. 하지만 제퍼슨은 노예제에 대해 불편한 생각을 가지고 있었던 것 같아. 그렇기 때문에 초안을 그렇게 쓴 거겠지.

흑인 노예제는 이후 미국 사회를 고통스럽게 하는 문제로 남게 돼. "모든 사람은 평등하게 태어났다."라고 하는 〈독립 선언서〉로 탄생한 나라가 피부색이 다르다는 이유로 어떤 사람들은 노예로 부리고 있었으니 말이야.

미국의 독립 선언
토머스 제퍼슨이 〈독립 선언서〉를 제출하는 모습이야. 가장 앞에 서서 선언서를 내미는 사람이 토머스 제퍼슨이지.

야. 그러니 국왕은 이제 자유로운 인민의 통치자로서 적합하지 않다는 거지.

마지막에 가서 〈독립 선언서〉는 전 세계를 향해 북아메리카 식민지가 "자유롭고 독립된 국가"이며, 독립 국가로서 "완전한 권리"가 있다는 것을 밝혔어. 그리고 〈독립 선언서〉에 서명한 사람들은 "생명과 재산과 신성한 명예를 걸고" 이 선언을 지킬 것을 맹세하는 것으로 끝을 맺었단다.

제퍼슨이 초안을 위원회에 제출했고, 약간의 수정을 거쳐 〈독립 선언서〉는 대륙 회의로 넘어갔지. 대륙 회의는 또 다시 몇 가지 수정을 더해 1776년 7월 4일에 〈독립 선언서〉를 발표했단다. 물론 영국과의 전쟁이 완전히 끝나고 제대로 독립한 건 1783년의 일이야. 헌법이 만들어진 건 1787년의 일이고. 그래도 〈독립 선언서〉를 발표한 날이 미국의 독립 기념일이 되었단다.

| 미합중국의 연방 헌법을 제정하는 회의

미합중국의 국민은 누구인가?

05

○ **1607년**
영국, 북아메리카에 제임스타운 건설
○ **1620년**
〈메이플라워 서약〉 작성
○ **1773년**
보스턴 티 파티 사건
○ **1776년**
〈독립 선언서〉 발표
○ **1787년**
연방 헌법 제정

○ **1803년**
루이지애나를 사들임
○ **1852년**
비처, 《톰 아저씨의 오두막》 출간
○ **1861년**
남북 전쟁이 일어남
○ **1886년**
헤이마켓 사건
○ **1898년**
미국-스페인 전쟁
○ **1903년**
프로 야구 월드시리즈 시작
○ **1917년**
세계 대전 참전
○ **1920년**
최초의 라디오 상업 방송 시작
○ **1929년**
대공황 시작
○ **1947년**
마셜 플랜 시행
○ **1963년**
워싱턴 행진
○ **2001년**
9.11 테러

미국 혁명은 그저 북아메리카의 식민지가 영국에서 독립해서 새로운 나라를 세운 것으로 끝나지 않았어. 모든 사람이 평등하게 태어났다는 주장에서 출발한 혁명이었기 때문에 북아메리카 사회 자체가 여러 가지 면에서 바뀌는 계기가 되었지. 대표적인 게 노예제 문제야. 비록 〈독립 선언서〉에는 노예 무역에 관한 부분이 빠지긴 했지만 북부 식민지에서는 노예제가 없어지기 시작했단다.

하지만 남부 식민지에서는 여전히 노예제가 계속되었어. 특히 남부의 백인들은 흑인들이 열등하기 때문에 동등한 자격이 없다고 생각했어. 물론 이보다 더 중요한 건 흑인 노예가 없다면 남부 경제가 돌아갈 수 없었다는 거지.

변화가 있을 법했지만 그렇지 못한 게 여성의 지위였어. 노예보다는 조금 나았을지 모르지만 시민이 아니란 것은 거의 똑같았어. 재산을 소유할 수도 없었고, 결혼한 여성은 자기가 번 것도 남편 것이 되었어. 투표권도 없고, 자식에 대한 권리도 없고……. 한마디로 아무런 권리가 없었던 거지.

노예제가 계속되다

보스턴 학살 사건 기억나지? 1770년에 보스턴에서 영국군과 보스턴 시민이 충돌했을 때 영국군이 총을 쏴서 5명이 죽은 사건 말이야. 5명밖에 죽지 않았는데, 학살이라고 할 수 있었던 건 그만큼 식민지와 영국 사이의 대립이 커졌다는 걸 말하지. 그리고 보스턴 학살 사건은 미국이 혁명을 이루는 중요한 사건들 가운데 하나가 되었단다.

이때 죽은 5명 가운데 한 사람이 크리스퍼스 애턱스라는 흑인이었단다. 40대 후반이었던 애턱스가 당시 노예였는지는 여전히 불분명해. 하지만 태어날 당시에는 노예였단다. 아버지는 아프리카인이었고, 어머니는 인디언이었지. 선원으로도 일했던 애턱스는 당시 부두 노동자로 일하다가 학살의 희생자가 되었어. 아니, 자유로운 미국을 위한 순교자가 되었다는 게 더 맞는 말일 거야.

실제로 독립 전쟁이 시작되자 수많은 애턱스가 나왔어. 부패와 압제에 저항해서 자유를 찾는 전쟁에 노예건 자유민이건 흑인들도 나서서 참가하게 된 거야.

그러면서 노예들 가운데 백인 지배에 저항하는 사람들이 나왔어. 모두가 평등하고 자유로운데, 누구는 노예이고 또 누구는 주인이라는 게 말이 안 된다고 생각한 거지. 1775년 여름에는 사우스캐롤라이나의 자유 흑인이었던 토머스 제레미아가 영국을 돕기 위해 노예 반란을 꾸몄다는 죄목으로 처형당하기도 했어. 실제로 영국은 식민지의 힘을 약화시키기 위해 노예제를 폐지하려는 시도를 했어. 노예가 북아메리카 식민지를 떠나 다른 곳으로 갈 수 있도록 돕기도 했고. 이로 인해 상당수의 흑인 노

남부의 농장에서 일하는 노예들
주로 거대한 규모로 농장을 일군 남부에서는 노동력이 꼭 필요했어. 노예제가 없으면 농장을 운영하기 어려웠기 때문에 남부 사람들은 노예제 폐지를 거부했단다.

예가 도망을 칠 수 있었단다.

하지만 남부의 백인들은 노예제를 폐지할 생각이 전혀 없었단다. 도리어 미국 혁명이 노예 반란을 부추길지 모른다는 생각에 전전긍긍했지. 그런 생각 때문에 〈독립 선언서〉에서도 국왕의 잘못 가운데 하나로 노예 무역을 지적하는 부분이 빠진 거지.

그래도 북부에서는 노예제 반대 목소리가 높아졌어. 모든 사람이 평등하다는 혁명의 이상, 그리고 모든 사람이 하나님의 말씀에 따라 구원받을 수 있다는 기독교 복음주의가 노예제 반대를 뒷받침했지. 이들이 노예제 폐지로 가는 길을 열었단다. 먼저 펜실베이니아, 로드아일랜드, 코네티컷 등지에서 노예 무역을 폐지했어. 펜실베이니아는 1780년에는 노예제가 위법임을 선언했어. 이렇게 펜실베이니아가 앞장선 것은 퀘이커의 땅이었기

때문이야. 모든 사람은 동등하다는 퀘이커의 정신, 기억나지? 이 뒤를 따라 대부분의 식민지가 미국 혁명이 끝나기 전에 노예제를 없앴어. 혁명 당시에는 노예제를 없애지 않았던 뉴욕과 뉴저지도 후에는 그렇게 했지.

노예제는 미국 혁명의 이념과 모순되는 것이었고 그렇기 때문에 북부에서는 사라질 수 있었어. 하지만 당시 남부는 노예제 없이 하루도 존속할 수 없는 사회였기 때문에 노예제를 유지하려고 갖은 애를 썼단다. 그러니 이후 미국 사회는 노예제 폐지 문제를 둘러싸고 북부와 남부가 갈등을 빚게 되었단다.

여성은 시민인가

나중에 조지 워싱턴의 뒤를 이어 대통령이 되는 존 애덤스라는 사람이 있어. 앞에서 이야기한 것처럼 애덤스는 대륙 회의에 참석한 대표이기도 했지. 1776년 3월에 애덤스의 부인인 애비게일 애덤스는 대륙 회의에 참석 중인 남편 존 애덤스에게 편지를 써서 여성의 지위에 관심을 기울이라고 부탁했단다. 애덤스 부인은 남자들이란 폭군이 될 가능성이 크다고 말하면서 다음과 같은 요청을 했어.

"당신이 앞으로 만들게 될 새로운 법은 여성들을 기억하고 선조들보다 여성들에게 좀 더 관대하고 호의적이기를 바랍니다."

애비게일 애덤스 기념 주화
애비게일 애덤스는 미국의 두 번째 대통령의 아내이자 미국의 여섯 번째 대통령의 어머니이기도 해. 평소에도 여성의 권리에 관심을 두었고, 노예제도 반대했단다.

그리고 이런 여성들의 의견이 반영되지 않을 경우 "반란을 도모할" 것이고, "우리 대표가 참가하지 않은 상태에서 만들어진 어떤 법률의 구속도 받지 않을 것"이라고 강한 어조로 말했단다.

이렇게 혁명은 흑인뿐만 아니라 여성에게도 커다란 영향을 미치고 있었어. 독립 전쟁이 시작되어 많은 남성이 전쟁터로 나가자 여성들은 예전보다 더 많은 일을 해야 했어. 농사를 짓건 사업을 하건 책임도 더 많이 져야 했고. 전쟁터로 나간 여성들도 있었단다. 이들은 세탁, 요리, 간호 등을 맡았어. 적은 수이긴 하지만 직접 전투에 참가한 사람들도 있었고 말이야. 이런 과정을 통해 여성들은 자신들의 능력을 다시금 확인할 수 있었단다.

게다가 혁명으로 인해 여성들도 흑인들과 비슷한 것을 느끼게 되었지. 자유와 평등, 양도할 수 없는 인간의 권리 등이 혁명의 이념이었으니 당연한 일이지. 애비게일 애덤스의 편지는 그

독립 전쟁 시기에 활동하는 여성들
전쟁이 벌어지는 동안 여성들은 간호나 세탁 등으로 전력에 도움을 주었고, 다른 사회적인 활동에도 더 많이 참여하게 되었어.

런 태도를 보여 주는 것이라 할 수 있어.

이런 분위기 속에서 극작가이자 시인인 주디스 사전트 머리는 여성과 남성이 평등하며, 지적으로 동등한 성취를 이룰 수 있다고 주장했어. 그러므로 경제적 독립을 얻을 수 있어야 한다고까지 말했지. 그녀는 나중에 이런 생각을 정리해서 〈성들의 평등에 관하여〉라는 글을 발표하기도 했단다.

하지만 앞서도 말한 것처럼 여성의 지위는 별로 나아진 게 없었어. 물론 약간 달라진 게 있긴 했어. 새로운 공화국에서 미래의 시민을 키우는 어머니로서의 역할이 강조된 거지. 어쨌든 혁명 과정에서 여성이 여러 가지 방식으로 참여했기 때문에 이를 인정할 수밖에 없었던 거야. 하지만 남성 우위의 가부장제 사회는 바뀐 게 별로 없는 거지.

미국의 수도 워싱턴 D.C.

조지 워싱턴이 미국의 첫 대통령이 된 1789년에는 미국의 수도로 정해진 곳이 없었어. 처음에는 워싱턴 행정부가 뉴욕에 있다가 나중에는 필라델피아로 옮겼단다. 새로 수도를 정할 때 나온 첫 번째 문제는 북부와 남부 어느 쪽에도 치우치지 않는 곳에 정해야 한다는 거야. 그래서 조지 워싱턴은 1790년에 버지니아 주 북부의 포토맥 강 유역을 수도로 삼자고 했어. 그리고 이 지역은 따로 떼어 어느 주에도 속하지 않는 독립 구역으로 했단다. 그래서 미국 수도 워싱턴의 정식 명칭은 컬럼비아 특별구(District of Columbia, 줄여서 D.C.)야. 물론 워싱턴은 조지 워싱턴을 기념하기 위해서 붙인 거고.

미합중국의 탄생

신대륙에 뿌리내린 식민지들은 혁명을 통해 독립된 나라가 되었지만 대가가 없는 것은 아니었어. 우선 전쟁으로 빚이 많이 쌓였지. 게다가 경제적으로도 많이 힘들었어. 크고 작은 폭동과 반란도 일어났어. 이제 막 탄생한 나라의 앞길을 그 누구도 알 수 없었단다. 그런 이유로 독립을 이끈 엘리트 층은 좀 더 강력한 국가를 만들어야 한다고 생각했어. 강력한 국가란 13개의 국가를 하나로 묶는 연방 국가를 말해.

13개의 국가가 완전히 따로 있었던 건 아니야. 독립 전쟁 시기에 13개 식민지는 연합 헌장을 만들어서 하나의 국가처럼 행동하긴 했거든. 하지만 국가로서 중요한 기능이 빠져 있었단다. 무역에 대한 규제권이 없는 것은 말할 것도 없고 군인을 모아 군대를 만들거나 세금을 거둘 권한이 없었어. 군대와 세금에 대해서는 각 주 의회의 승인을 얻어야 했어. 당연히 거부할 때도 있었지.

이런 상황을 벗어나기 위해 뉴욕의 알렉산더 해밀턴을 중심으로 모인 사람들이 강력한 연방 국가를 만들자고 주장했어. 여기에 호응해서 1787년 초여름에 로드아일랜드를 제외한 모든 주의 대표자 55명이 필라델피아에 모였단다. 새로운 연방 국가의 헌법을 제정하기 위해서였지.

聯邦
이을 연 나라 방

필라델피아의 헌법 제정 회의
조지 워싱턴이 오른쪽에 서서 사람들의 의견을 듣고 있어. 그 앞에 앉아 지팡이를 쥔 사람이 벤저민 프랭클린이고, 바로 뒤에 앉아 있는 사람이 바로 연방 국가를 제안한 알렉산더 해밀턴이야. 새로운 국가의 헌법을 제정하는 회의는 꽤 시간이 걸렸단다.

13개의 주는 처지가 달랐기 때문에 연방 헌법을 만드는 일이 쉽지 않았단다. 특히 몇 가지 큰 문제가 있었어. 하나는 대표의 문제였는데, 인구 비율로 할 것인가 아니면 인구와 상관없이 주마다 같은 대표자 수를 둘 것인가 하는 것이었어. 다른 하나는 노예제야. 남부는 노예제를 폐지할 수 없다는 입장이면서도, 노예 숫자는 인구에 포함시키고 싶어 했단다.

처음에는 입장 차이가 뚜렷했고, 대립도 팽팽했어. 하지만 정치란 타협을 이끌어 내는 예술이잖아! 더운 여름을 지나 9월이 되자 드디어 헌법 초안이 만들어졌단다. 우선 의회를 하원과 상원의 양원제로 하고, 하원은 인구 비례로 대표를 뽑고, 상원은 주마다 2명씩 두기로 하면서 대표 문제에 관한 타협이 이루어졌어. 노예제 문제는 헌법에서 빼기로 했고, 노예 무역에 관해서도 향후 20년 간 금지할 수 없도록 했어. 대신 대표를 뽑거나 세금을 거둘 때 노예 한 사람은 자유인의 5분의 3으로 계산하기로 했단다.

이렇게 해서 만들어진 헌법 초안은 각 주의 승인을 거쳐 새로운 연방 국가의 헌법이 되었어. 이 헌법에 따라 1789년 4월, 조지 워싱턴이 첫 번째 대통령으로 선출되면서 진짜로 미합중국이 탄생했단다. 이런 이유로 헌법을 만드는 데 참여한 사람들을 '건국의 아버지들'이라고 불러. 과연 가부장제의 아버지들답게 새로운 헌법에는 노예제 폐지도 여성의 권리도 담기지 않았단다.

合衆國
합할 합 무리 중 나라 국

조지 워싱턴의 고별사

미국 대통령의 임기는 4년이고 두 번까지만 할 수 있단다. 미국 헌법에 규정되어 있지. 2008년에 대통령이 된 버락 오바마도 2012년 선거에서 재선되어 두 번째 임기를 수행하고 있어.

이렇게 정해진 건 초대 대통령인 조지 워싱턴 때문이야. 1789년 2월, 조지 워싱턴은 만장일치로 대통령이 되었어. 독립 전쟁을 이끈 공로나 인품을 생각하면 너무나 당연한 일이었어. 워싱턴은 1793년에도 대통령으로 뽑혔어. 그러자 어떤 사람들은 조지 워싱턴이 종신 대통령이 되어야 한다고 생각하기도 했지.

하지만 조지 워싱턴은 두 번째 임기를 마치면서 더 이상 선거에 나서지 않기로 결심했어. 그러면서 신문에 고별사를 발표했단다. 여기서 워싱턴은 대통령을 두 번 한 것으로 족하다고 말하고 고향으로 돌아가겠다고 하지. 이후로 미국 대통령들은 두 번까지만 하는 전통이 만들어졌어. 그러다 2차 대전 이후 헌법을 고쳐 제도로 만든 거란다.

함께했던 각료들과 작별하는 조지 워싱턴

| 백인들에게 쫓긴 테컴서 추장

넓어지는 영토

06

1607년
영국, 북아메리카에 제임스타운 건설

1620년
〈메이플라워 서약〉 작성

1773년
보스턴 티 파티 사건

1776년
〈독립 선언서〉 발표

1787년
연방 헌법 제정

1803년
루이지애나를 사들임

1852년
비처, 《톰 아저씨의 오두막》 출간

1861년
남북 전쟁이 일어남

1886년
헤이마켓 사건

1898년
미국-스페인 전쟁

1903년
프로 야구 월드시리즈 시작

1917년
세계 대전 참전

1920년
최초의 라디오 상업 방송 시작

1929년
대공황 시작

1947년
마셜 플랜 시행

1963년
워싱턴 행진

2001년
9.11 테러

미국의 역사는 이민과 영토 확장의 역사라고 할 수 있어. 끊임없이 전 세계에서 사람들이 몰려들었고, 동부에서 시작된 나라가 19세기 중반이면 태평양까지 넓어졌단다. 그런데 미국의 영토가 넓어지는 것은 원주민들이 쫓겨나는 일이기도 했어. 또한 미국은 멕시코와 전쟁을 벌여 땅을 빼앗았단다.

인디언들, '눈물의 길'을 가다

미합중국이 아메리카에서 차지하는 영토가 넓어지면서 '인디언 문제'가 생겼어. 처음에 백인들이 이 땅에 왔을 때 인디언은 여러 가지로 도움을 준 고마운 존재였어. 하지만 시간이 가면서 백인들은 인디언을 귀찮은 존재로 보았단다. 땅을 마음대로 해야 하는데 인디언이 있어서 쉽지 않았거든. 그러니 '인디언 문제'라고 생각한 거야.

제퍼슨 대통령이 생각하기에 해결책은 두 가지 중에 하나였어. 인디언이 백인 사회 안에 정착해서 농민으로 살아가거나 아니면 미시시피 강 서쪽으로 이주하는 거야. 하지만 인디언으로서는 둘 다 받아들이기 힘든 거지. 어느 경우든 자기 땅을 남에게 넘겨주는 일이니까 말이야. 제퍼슨 대통령은 윌리엄 해리슨을 인디애나 준주의 지사로 임명해서 인디언 문제를 해결하라고 했어.

지사가 된 해리슨은 온갖 수단을 사용해서 인디언에게서 땅을 **빼앗**으려 했어. 끝내 인디언 부족들을 협박해서 1807년에 억지로 땅을 넘겨주는 조약을 맺었어. 이로써 미시간 동부와 인디애나 남부, 일리노이의 거의 전 지역을 얻었단다. 그뿐만 아니라 남서부인 조지아, 테네시, 미시시피 등지에서도 인디언들에게 수백만 에이커(약 1만 5000제곱킬로미터로 경기도보다 넓은 크기)에 달하는 땅을 **빼앗**았어.

準州
평평할 준 고을 주
독립된 주의 자격을 얻지 못한 행정 구역

해리슨과 맞선 테컴서
테컴서 일행이 인디애나 지사인 해리슨과 대치한 모습이야. 이때 해리슨은 인디언 지도자들과 협상해서 많은 땅을 식민지인들의 손에 넘겨주었단다. 훗날 해리슨은 미국의 아홉 번째 대통령이 되었지.

　그러자 인디언들도 힘을 모아 맞서려고 했어. 이때 중심이 된 인물이 테컴서야. 유성이라는 뜻의 이름을 가진 테컴서는 쇼니 족의 추장이었어. 백인들에 밀려 쫓겨난 테컴서의 부족은 인디애나에서 프로피츠타운, 즉 예언자들의 도시에 정착했어. 여기를 중심으로 해서 북아메리카 중서부 지역에 독립적인 나라를 세우겠다는 뜻을 펼치려고 했지.

　하지만 테컴서가 이끄는 인디언들은 1811년 11월 초에 벌어진 큰 전투에서 지고 말았어. 이때 살아남은 사람들이 이후에도 계속 저항하긴 했지만, 2년 후에 벌어진 전투에서 테컴서가 죽으면서 저항도 끝이 났단다.

　테컴서의 죽음 이후에도 '인디언 문제'가 완전히 해결된 게 아니었어. 특히 1830년대 들어서는 남부에 남아 있던 '문명화된 다섯 인디언 부족'이 문제였어. 이 다섯 부족은 체로키, 크리크, 세미놀, 치커소, 촉토 부족이야. 일부는 무기를 들고 싸웠지만 대부분은 이제 힘이 너무 약해져서 싸울 수조차 없었단다. 그럼에도 큰 골칫거리 취급을 받은 거야.

1835년에 잭슨 대통령의 미국 정부는 체로키 족 일부와 조약을 맺었어. 이 조약에 따르면 미국 정부는 500만 달러와 미시시피강 서쪽의 보호 구역을 체로키 족에게 주고, 대신 조지아 주에 있는 체로키 족의 땅을 받기로 했단다. 하지만 체로키 족의 일부와, 그것도 강압적으로 맺은 조약이라 나머지 부족들이 이를 인정하지 않았어. 이 수가 2만 명 가까이 되었단다. 그러자 잭슨 대통령은 군대를 파견해서 인디언을 강제로 서부로 몰아냈어.

때는 1838년 겨울이었어. 일부 도망친 인디언을 빼고 1만 7000명 정도의 인디언들이 군대의 포위 속에 이주의 길을 떠났

어. 이들이 가야 할 곳은 나중에 오클라호마라 불리게 될 지역이야. 멀리 떨어진 이곳으로 가는 도중에 4000명이 넘는 사람들이 추위와 굶주림, 질병 때문에 죽었단다. 살아남은 사람들은 이때의 여행을 울면서 걸었던 길, 즉 '눈물의 길'이라고 불렀어.

 1830년대 말이 되자 미시시피 강 동쪽에 살던 인디언 부족이 모두 서부로 쫓겨났어. 미국은 남한의 네 배가 넘는 크기인 1억 에이커 이상의 땅을 차지하게 되었지. 대신 인디언들은 살기가 너무나 힘든 미시시피 강 서쪽의 땅과 6800만 달러를 받았단다. 하지만 이는 시작에 불과했어. 19세기가 끝날 무렵 북아메리카의 인디언은 모두 인디언 보호 구역에 사는 신세가 되었거든.

미국, 멕시코와 싸우다

오늘날 미국의 가장자리에 위치한 텍사스, 뉴멕시코, 캘리포니

넓어지는 영토 | 75

아 등지는 원래 멕시코 땅이었어. 이곳에 미국 사람들이 많이 이주하면서 갈등이 벌어졌고, 결국 전쟁이 일어나 미국 땅이 되었단다.

시작은 텍사스였어. 당시 텍사스는 사람이 별로 살지 않는 곳이었어. 멕시코 정부는 이 지역을 개발하기 위해 미국인들이 들어오는 것을 환영했단다. 그 덕분에 1830년이 되자 텍사스의 미국인은 7000명을 넘어섰단다. 당시 텍사스에 살던 멕시코인의 두 배나 되는 숫자였어. 그러자 멕시코는 미국인의 이주를 금지했지. 하지만 미국인들은 몰래 계속해서 들어왔어.

당시 멕시코는 산타 안나 장군이 독재 정치를 펴고 있었는데

텍사스 공화국의 화폐
텍사스의 미국인들은 독립된 공화국을 만들고, 이렇게 자국의 화폐까지 만들었어.

정치가 매우 불안정했단다. 그러자 텍사스에 살던 미국인들이 이 틈에 독립을 선언했어. 당연한 일이지만 멕시코 정부는 이를 반란으로 보고 진압하려 했어. 하지만 샘 휴스턴 장군이 이끄는 미국인들은 1836년 4월, 샌저신토 전투에서 승리했고, 멕시코 정부는 어쩔 수 없이 텍사스의 독립을 인정했단다.

독립된 공화국을 만든 텍사스인들은 미국 연방에 가입하기를 원했어. 하지만 잭슨 대통령은 그렇게 하면 멕시코와 갈등이 너무 커진다고 생각해서 이를 받아들이지 않았단다. 그래서 텍사스는 일단 '외로운 별'로 남았지.

하지만 1844년에 대통령이 된 포크는 잭슨과 달랐어. 그는 미국이 넓은 땅을 다스려야 한다고 굳게 믿는 사람이었어. 이런 분위기에서 미국 의회는 포크의 임기가 시작되기 직전인 1845년 2월, 텍사스의 합병을 승인했단다. 그러자 멕시코는 미국과 외교 관계를 단절했어. 이렇게 시작된 미국과 멕시코의 갈등은 국경 문제로 더 커졌어. 텍사스와 멕시코의 경계선이 어디인가 하는 문제였지. 텍사스 사람들은 리오그란데 강이 경계라고 했고, 멕시코 사람들은 그보다 북쪽에 있는 누에세스 강이라고 했거든.

1846년 1월에 포크 대통령은 테일러 장군의 부대를 리오그란데 강으로 이동하라고 명령했어. 자기 땅으로 외국 군대가 들어오니 멕시코 군대도 공격을 할 수밖에 없었지. 그러자 미국 의회는 5월에 멕시코와의 전쟁을 선포했단다. 진짜로 전쟁이 시

차풀테펙 전투
1847년 미국은 멕시코의 수도인 멕시코시티를 점령했어. 멕시코는 차풀테펙 성에서 끝까지 저항했지만 미국이 승리했단다.

작된 거지.

 멕시코인들로서는 억울하겠지만 이 전쟁은 미국의 승리로 끝났어. 두 나라는 1848년 2월에 과달루페 이달고 조약을 맺었단다. 이 조약에 따라 멕시코는 뉴멕시코와 캘리포니아를 미국에 넘겨주고, 리오그란데 강을 텍사스 쪽 경계선으로 인정했어. 그 대신 미국은 멕시코에 1500만 달러를 주기로 했지. 이로써 남서부와 서부의 광대한 지역이 미국 영토가 되었단다.

 멕시코 전쟁은 미국이라는 나라가 넓어지는 데 중요한 사건이었지. 하지만 상대방이 보기에는 너무나 부당한 일이었어. 멕시코 전쟁에 참전했던 미국의 젊은 장교는 이 전쟁을 "강대국이 약소국에 저지른 가장 부당한 전쟁 가운데 하나"라고 말했어. 하지만 힘이 약했던 멕시코로서는 어쩔 수 없는 노릇이었지. 멕시코의 어떤 사람은 "신은 너무 멀리 있고, 미국은 너무 가까이 있다."고 하며 한탄했단다.

미국의 히스패닉 혹은 라티노

여러 인종의 '도가니'라는 미국에서 최근 눈에 띄는 게 히스패닉이라 불리는 사람들이야. 히스패닉은 멕시코 출신을 비롯해서 중앙아메리카와 남아메리카에서 건너온 사람들을 가리키는 말이야. 라티노라고도 불리는 이 사람들의 수는 4000만 명이 넘어서 미국에 거주하는 인구 중 15퍼센트 정도나 돼. 게다가 빠른 속도로 늘어나고 있어서 30년만 지나면 4분의 1이 될 거라고도 해.

미국에서 히스패닉이 살게 된 건 멕시코 전쟁 때문이야. 미국이 이 전쟁에서 승리하면서 얻은 지역에 살고 있던 멕시코 사람들 가운데 7만 5000명이 미국 국적을 선택했거든. 이들은 미국 시민이 된 이후에도 에스파냐와 문화적 전통을 유지하면서 살아갔어. 이후 중앙아메리카와 남아메리카에서 정치적 불안정과 경제적 어려움을 겪으면서 더 많은 사람들이 미국으로 이민을 왔지. 그러면서 점차 히스패닉 공동체가 커졌단다.

이들은 주로 가정부나 농업 등의 노동을 하면서 어렵게 살았단다. 하지만 최근에는 좋은 교육을 받은 사람들이 늘어나고 경제적으로 성공한 히스패닉도 많아졌지. 게다가 2009년에는 최초로 히스패닉 여성이 대법관으로 임명되었어. 또한 인구가 많아지다 보니 대통령 선거에서도 큰 영향을 미쳐 정치적으로도 중요해졌단다. 로스앤젤레스처럼 히스패닉이 많이 사는 곳에서는 연이어 시장으로 당선되기도 했지.

골드러시와 '49년의 사람들'

미국 프로 미식축구 팀 가운데 '샌프란시스코 49ers'라는 팀이 있어. 샌프란시스코를 본거지로 하는 팀인데, '49ers'는 '포티나이너스(forty-niners)'로 1849년의 사람들이란 뜻이야. 1849년에 이곳에서 금이 발견되어 수많은 사람들이 몰려들었거든. 이들을 기념해서 미식축구 팀이 이런 이름을 붙인 거야.

1848년 1월, 존 수터라는 농장주 밑에서 일하던 어떤 일꾼이 땅에서 금을 발견했어. 수터는 이 사실을 알리지 않으려고 했지만, 소문은 금세 퍼져 나갔어. 그러자 미국은 말할 것도 없고 전 세계에서 수십만 명의 사람들이 이곳으로 몰려들었단다. 이 현상을 '골드러시'라고 하지. 덕분에 사람이 별로 살지 않던 캘리포니아는 번창하는 지역이 되었어.

그런데 이렇게 모인 사람들은 금을 찾는

데 혈안이 된 사람들이었기 때문에 서로 싸움도 많이 했어. 전 세계에서 사람들이 몰려들었기 때문에 인종 갈등도 생겼지. 또 사람들이 금을 찾는 데만 시간을 보냈기 때문에 다른 일손이 부족했어. 이 자리를 중국에서 이민 온 사람들이 메웠단다.

 금을 찾아서 부자가 된 사람은 손으로 꼽을 정도였어. 일부는 할 수 없이 고향으로 돌아갔지. 하지만 많은 사람들이 캘리포니아에 남아서 다른 일자리를 찾았단다. 덕분에 캘리포니아가 발전할 수 있었어. 가장 서쪽에 있는 캘리포니아가 발전하자 미국은 대서양에서 태평양에 이르는 커다란 대륙 국가가 되었지.

금을 캐는 사람들
사람들이 곡괭이로 땅을 파며 금을 찾고 있어. 가운데 있는 사람이 광물을 확인하고 있구나.

| 노예제 반대 회담

자유를 위한 투쟁

07

1607년
영국, 북아메리카에 제임스타운 건설

1620년
〈메이플라워 서약〉 작성

1773년
보스턴 티 파티 사건

1776년
〈독립 선언서〉 발표

1787년
연방 헌법 제정

1803년
루이지애나를 사들임

1852년
비처, 《톰 아저씨의 오두막》 출간

1861년
남북 전쟁이 일어남

1886년
헤이마켓 사건

1898년
미국-스페인 전쟁

1903년
프로 야구 월드시리즈 시작

1917년
세계 대전 참전

1920년
최초의 라디오 상업 방송 시작

1929년
대공황 시작

1947년
마셜 플랜 시행

1963년
워싱턴 행진

2001년
9.11 테러

1831년에 미국을 여행한 프랑스의 젊은 귀족 알렉시스 드 토크빌은 이렇게 말한 적이 있어. "돈에 대한 숭배가 인간에 대한 애정을 압도하는 나라를 나는 미국 이외에 어느 곳에서도 본 적이 없다." 돈에 대한 숭배로 미국인들은 인디언을 살던 땅에서 쫓아냈어. 그리고 인류 역사상 가장 특별하고 가장 사악한 제도인 흑인 노예제를 만들어 냈단다.

덕분에 미국 남부의 대농장주들은 19세기에 '면화 왕국'을 건설했어. 1820년대 이후 영국과 미국 뉴잉글랜드에서 방직 산업이 발전하면서 면화 수요가 크게 늘었거든. 이에 따라 남부 경제가 잘 나갔고, '면화 왕국'이 만들어졌지. 하지만 면화 왕국이 번성해도 흑인 노예들의 삶은 나아질 수 없었어. 그들은 인간이 아니라 노예였으니까 말이야. 하지만 그들에게도 인간의 붉은 피가 흘렀고, 곧 노예제를 없애기 위한 투쟁에 나섰단다.

노예들의 반란

노예라는 말만 들어도 노예들의 삶이 끔찍했다는 건 알겠지만 그래도 이들의 삶이 어떠했는지 알아볼까.

　흑인 노예들은 '노예 숙소'라고 불리는 조그만 오두막에 살았어. 통나무로 지은 집으로 가구도 거의 없고, 짚을 깔고 자는 경우가 대부분이었지. 노예주들이 먹는 건 적게 주지 않았어. 일을 많이 시키려면 그렇게 해야 했지. 주로 옥수수와 소금에 절인 돼지고기를 먹었어. 옷과 신발도 노예주가 주었지만 가장 싸구려였던 건 말할 것도 없는 일이야.

　흑인 노예들은 해가 뜰 때부터 질 때까지 밭에 나가 일해야 했고, 모두 노예 감독의 감시 속에 일했지. 작은 농장에서는 백인 노예주가 직접 감시했고, 큰 농장에서는 고용된 백인 감독이 일을 시켰단다. 이런 백인 감독들이 특히 잔인했다고 해. 노예들이 일을 제대로 하지 않는다고 생각하면 채찍으로 사정없이 때렸단다. 그 밑에는 흑인 노예 가운데 믿을 만하다고 생각되는 사람을 '몰이꾼'으로 썼지.

　집안일을 하는 노예들도 있었어. 큰 농장에서는 흑인 노예들

일하는 흑인 노예
면화 농장에서 목화솜을 갖고 일하는 흑인들의 모습이야. 뒤에서 노예주들이 수확물을 살펴보고 있어.

이 유모, 요리사, 집사, 마부로 일했어. 이들은 오두막이 아니라 주인집의 구석방 같은 곳에서 살았어. 그러다 보니 주인과 가까운 관계가 되기도 했지. 하지만 가까이 있었기 때문에 조금만 잘못해도 크게 혼나는 일이 다반사였단다.

어린 노예들도 어른과 마찬가지로 살아야 했어. 1807년에 노예 무역이 금지되어 일꾼이 부족해지자 노예주들은 흑인 노예들 사이에서 태어난 아이들을 노예로 삼거나 팔았어. 어렸을 때는 좀 쉬운 일을 했지만 열 살만 되어도 밭에 나가서 어른과 마찬가지로 일해야 했단다. 또한 아버지나 어머니가 다른 농장으로 팔려 가면 생이별을 해야 했지.

노예들이 이런 삶을 마냥 받아들인 것은 아니야. 이런 삶에서 벗어나기 위해 다양하게 저항했어. 백인들을 가장 두렵게 만든 건 노예 반란이었단다.

19세기 전반에 미국 사회를 가장 두렵게 한 노예 반란의 주인공이 냇 터너야. 1800년 버지니아 주 사우샘프턴에서 태어난 냇 터너는 어렸을 때부터 제법 똑똑해서 이해력이 빨랐다고 해. 덕분에 읽고 쓰는 법도 일찍 익혔어. 또한 성경을 열심히 읽었고, 가끔 '신의 예언'을 경험했다고 해. 그러면서 주위 사람들에게 자신의 경험을 설교하기 시작했어. 이런 이유로 '예언자'란 별명을 얻었단다. 그러다 스물여덟 살인 1828년에 냇 터너는 자신이 신의 목적에 따라 살 운명이라는 것을 굳게 믿게 되었어. 흑인 노예였던 그에게 신의 목적은 무기를 들고 흑인 노예들의 적인 백인들을 물리치는 거였지.

1831년 7월에 냇 터너는 70여 명의 추종자들을 모아 행동에 들어갔어. 총과 도끼 등으로 무장한 이들은 사우샘프턴 인근의 백인들을 습격했어. 냇 터너는 백인 사회를 공포에 떨게 하려고 이렇게 했다고 나중에 말했단다. 정말로 그랬어. 냇 터너의 반란으로 남부 백인 사회는 공포에 떨었고, 이들을 진압하기 위해 나섰거든.

백인들이 반격을 가하자 얼마 안 되는

냇 터너의 습격
냇 터너의 반란 사건을 담은 그림이야. 버지니아에서 벌어진 참혹한 대학살이라는 제목이 붙어 있고, 냇 터너 일행이 시민들을 습격한 뒤 숲으로 도망치는 모습을 그려 놓았어. 당시 60여 명의 백인이 목숨을 잃었지.

노예 생활에서 일구어 낸 문화

 노예주들이 흑인 노예를 짐승처럼 대하긴 했지만, 이들도 인간이었고 나름의 문화를 만들어 냈어. 그 가운데 하나가 흑인들만의 교회야. 이들에게 기독교는 자유와 해방을 꿈꿀 수 있는 통로였단다. 흑인 노예들은 기도, 찬송, 설교를 통해 "우리를 해방시켜 주고", "약속의 땅으로 이끄실" 주님을 이야기하고 노래했단다.

 흑인 노예의 문화 가운데 전 세계적으로 영향을 미친 건 음악이야. 아프리카의 음악은 리듬을 중시했는데, 미국으로 온 흑인 노예들의 음악도 마찬가지였어. 흑인 노예들은 이런 리듬을 가지고 일할 때 노래를 불렀고, 찬송가도 이런 종류로 만들었단다. 이런 아프리카 흑인 음악은 재즈, 블루스, 영가 등 현대 음악 모든 분야에 큰 영향을 주었어.

음악을 연주하며 춤추는 흑인 노예들

냇 터너의 부대는 뿔뿔이 흩어졌어. 냇 터너는 몸을 감추었지. 그러는 사이, 백인들은 노예 반란에 참여했거나 이를 도와주었다는 의심이 드는 노예 모두를 잡아 죽이는 학살극을 벌였어. 숨어 지내던 냇 터너도 두 달 만에 사로잡혀 처형되었단다.

해방자, 윌리엄 로이드 개리슨

당연한 이야기이지만 백인 가운데에서도 노예제를 없애야 한다는 목소리가 있었어. 그중에 가장 강력했던 사람이 냇 터너보다 다섯 살 아래인 윌리엄 로이드 개리슨이야. 1805년 매사추세츠주 뉴베리포트에서 태어난 개리슨은 열세 살에 지역 신문사의 견습 조판공으로 일을 시작했어. 이후 글을 쓰기 시작하면서 가끔 익명으로 신문에 글을 내기도 했단다. 개리슨은 여기서 익힌 신문 제작 기술과 글쓰기 능력으로 20대 초반에 보스턴에 발행하는 〈내셔널 필란스로피스트〉의 편집장이 되었어.

얼마 후 개리슨은 노예제 폐지 운동에 뛰어들었어. 이때 잠시 미국 식민 협회 사람들과 협력했지. 그런데 이 조직은 노예제를 폐지하고 미국의 흑인들을 아프리카로 돌려보내는 게 가장 좋은 방법이라고 생각했어. 노예제는 나쁘지만 백인과 흑인이 어울려 살 수 있다고 생각하지는 않았거든. 하지만 개리슨은 달랐어. 노예제를 없앨 뿐만 아니라 흑인들에게도 미국 시민권을 주어 함께 살도록 해야 한다고 생각했지. 그래서 개리슨은 미국 식민 협회에서 손을 떼고 다른 활동을 시작했어. 그건 글과 말의 힘으로 세상을 바꾸자는 거였어.

개리슨은 메릴랜드 주의 볼티모어에서 발간되는 퀘이커 신문에 글을 쓰기 시작했고, 곧 공동 편집인이 되었어. 이 신문의 발행자이자 공동 편집인인 벤저민 런디는 노예제 폐지에 관해 점진주의적인 견해를 가지고 있었단다. 노예 해방을 급격하게 하면 백인 사회의 반발도 클 것이고, 노예들도 준비가 되어 있지 않으니 천천히 해야 한다는 생각이지. 처음에는 개리슨도 같은 생각이었어. 하지만 시간이 흐르면서 점진주의적 방식으로는 노예제를 폐지하지 못할 거라 생각했단다. 즉각적인 노예제 폐지를 주장하는 목소리를 내야겠다고 생각한 개리슨은 보스턴으로 돌아와 〈해방자〉라는 주간 신문을 발행하기 시작했어. 창간호에서 개리슨은 자신의 목적과 방식을 이렇게 말했지.

"많은 사람들이 내 말이 격렬하다며 반대한다는 것을 나는 알고 있다. 그러나 격렬한 데에는 이유가 있지 않은가? …… 나는 진리처럼 가혹할 것이고, 정의처럼 타협하

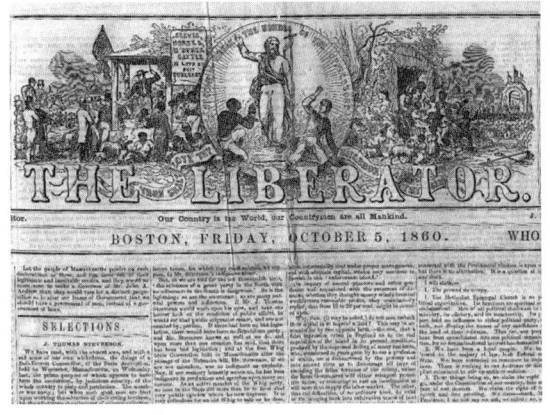

주간 신문 〈해방자〉
개리슨이 펴낸 〈해방자〉의 첫 장이야. 노예가 구원을 받는 듯한 장면을 그림으로 그려 놓았구나.

지 않을 것이다. …… 나는 한 발짝도 물러서지 않을 것이다."

처음에는 〈해방자〉를 보는 사람이 많지 않았어. 하지만 시간이 지나면서 개리슨의 목소리에 호응하는 사람들이 많아졌어. 개리슨은 이런 힘을 모아 1832년에 뉴잉글랜드 노예제 반대 협회를 만들었어. 다음 해에는 미국 노예제 반대 협회를 만들었지. 이렇게 노예제를 반대하는 힘이 커져 갔어.

이런 활동 속에서 어려움도 많이 겪었지. 볼티모어에서는 감옥에 갇힌 적이 있고, 노예제가 있던 조지아 주 정부는 개리슨에게 5000달러의 현상금을 걸기도 했단다. 이뿐만 아니라 노예제를 옹호하는 사람들에게 거리에서 폭행을 당하거나 살해 위협을 받은 적도 많았어. 그래도 개리슨은 자신이 말한 것처럼 '한 발짝도 물러서지 않고' 자신의 일을 해 나갔단다.

흑인들의 '북극성', 프레더릭 더글러스

흑인 가운데에도 말과 글의 힘으로 노예제 폐지에 나선 사람이 있어. 1817년 메릴랜드 주에서 백인 노예 주인과 흑인 노예 사이에서 태어난 프레더릭 더글러스야. 더글러스는 여러 집을 거쳐

런던에서 열린 노예제 반대 회담
노예의 참혹한 현실이 세상에 알려지기 시작하면서 영국 런던에서도 노예제를 반대하는 회담이 크게 열리기도 했단다.

노예로 지내던 중, 한 노예 주인의 부인에게서 읽고 쓰는 법을 배우게 되었단다. 주인의 반대로 도중에 멈췄지만 더글러스는 글을 배운 것에 대해 이렇게 말한 적이 있지.

"노예에게 글을 가르치는 것은 위험하다는 말을 듣는 순간, 나는 노예에서 벗어나 자유로워질 수 있는 방법을 깨달았다."

글을 배운다는 건 생각을 한다는 것이고, 생각을 해 보면 노예제가 인간에게 얼마나 부당한 일인지를 알 수 있다는 거지.

프레더릭 더글러스의 동상
워싱턴 D.C. 주청사 건물에 세워진 프레더릭 더글러스의 동상이야. 연설하는 모습을 담아 만들었어.

이런 생각을 한 더글러스는 1838년에 주인집을 탈출해서 뉴욕으로 갔다가 다시 매사추세츠로 옮겨 갔어. 뉴베드퍼드 항에서 노동자로 일하던 어느 날, 더글러스는 노예제 폐지 집회에 참석했다가 즉흥적으로 연설을 하게 되었어. 그런데 타고난 연설가였던 모양이야. 이 연설로 갑자기 유명해진 더글러스는 개리슨이 만든 노예제 반대 협회에서 일하면서 곳곳으로 강연을 다니기 시작했단다. 강연이 거듭되면서 점차 명성도 높아졌지.

1845년에 더글러스는 《프레더릭 더글러스의 인생 이야기》를 출판했어. 이 책은 대단한 반응을 불러일으켰단다. 우선 노예 출신의 흑인이 글을 써서 출판했다는 것 자체가 대단한 일이었어. 흑인이 열등하다고 생각한 사람들에게는 충격이었고, 노예 해방을 주장하는 사람들에게는 큰 힘이 되었지. 게다가 그 내용이 너무나 놀라운 것이었어. 더글러스는 자신의 경험을 통해 흑인 노예의 삶이 얼마나 비참한지를 고스란히 그려냈거든. 말 그대로 노예제에 대한 통렬한 고발이었단다. 더 나아가 노예에게는 자유만이 아니라 인간으로서, 시민으로서 제대로 살아가기 위한 사회적, 경제적 평등도 필요하다고 주장했단다.

이후 2년 간 영국 생활을 한 더글러스는 미국으로 돌아와 1847년에 로체스터에서 〈북극성〉이라는 신문을 발행하기 시작했어. 이 신문은 개리슨의 〈해방자〉와 마찬가지로 노예제 폐지를 열렬히 주장하는 신문이었어. 다른 점이 있다면 바로 노예 출신 흑인이 직접 내는 신문이라는 점이었지.

더글러스는 〈북극성〉을 무기로 노예제 폐지 운동에 더욱 앞장섰어. 그러다 남북 전쟁이 일어났을 때는 링컨 대통령에게 조언하는 일을 했지. 또한 연방군을 위해 흑인 신병을 모집하는 일도 했단다. 남북 전쟁이 끝나고 난 뒤에는 정부 관리를 지냈고, 나중에는 아이티 대사로 일하기도 했어.

더글러스가 펴낸 〈북극성〉
더글러스는 직접 신문을 만들면서 노예제 폐지의 정당한 이유를 알리고, 미국 사회에서 성공한 흑인의 일화 등을 담았어. 더글러스는 인종이나 남녀의 구분 없이 모두 동등한 인간이라고 했단다.

| 남북 전쟁을 승리로 이끈 링컨의 동상

노예 문제로 시작된
남북 전쟁

08

1607년
영국, 북아메리카에 제임스타운 건설

1620년
〈메이플라워 서약〉 작성

1773년
보스턴 티 파티 사건

1776년
〈독립 선언서〉 발표

1787년
연방 헌법 제정

1803년
루이지애나를 사들임

1852년
비처, 《톰 아저씨의 오두막》 출간

1861년
남북 전쟁이 일어남

1886년
헤이마켓 사건

1898년
미국-스페인 전쟁

1903년
프로 야구 월드시리즈 시작

1917년
세계 대전 참전

1920년
최초의 라디오 상업 방송 시작

1929년
대공황 시작

1947년
마셜 플랜 시행

1963년
워싱턴 행진

2001년
9.11 테러

미국 대통령 가운데 가장 유명한 사람 혹은 가장 존경받는 사람은? 이렇게 물으면 대개 조지 워싱턴 아니면 에이브러햄 링컨을 들 거야. 특히 링컨은 가난한 집에서 태어나 맨손으로 성공을 이룬 사람이라는 이미지에 노예를 해방시켰다는 도덕성까지, 존경받을 만한 요소를 두루 갖추고 있지. 그래서 링컨 기념관에 인자하게 앉아 있는 모습의 링컨 동상은 미국적 가치를 드러내는 이미지로 영화에도 자주 나온단다.

링컨은 노예 문제를 둘러싸고 벌어진 미국의 남북 전쟁을 승리로 이끌었고, 노예 해방이라는 어마어마한 일을 이루었지. 하지만 남북 전쟁은 노예제 때문에만 일어난 전쟁도 아니었고, 링컨 자신도 노예 해방이 가장 중요하다고 생각하지도 않았어. 남북 전쟁은 북부와 남부가 서로 주도권을 잡기 위해 싸운 거였어. 노예제는 이 싸움에서 한 가지 요소에 불과했단다.

너무나 다른 남부와 북부

한 나라 안에서도 지역마다 서로 다른 건 너무 당연한 일이야. 환경도 다르고 살아온 방식도 다를 수 있으니까 말이야. 경제적 차이도 중요하지. 어디는 산업이 발달하고, 또 어디는 농업을 위주로 살 수 있단다. 미국의 남부와 북부도 그런 차이가 심했단다. 하지만 가장 큰 건 노예제였어.

남부는 식민지 시절부터 노예 없이는 살아갈 수 없는 곳이었어. 노예가 있어야 담배나 면화를 대량으로 키워 낼 수 있거든. 그러니 모든 인간이 평등하게 창조되었다며 미국을 만들었으면서도 노예제를 폐지하지 않았던 거야. 하지만 북부는 달랐어. 상공업이 발전한 북부는 노예가 아니라 자유로운 임금 노동자가 필요한 곳이야. 그러니 노예제를 없앨 수 있었지.

게다가 노예제는 도덕적으로 큰 문제였어. 인간을 짐승처럼 다룬다는 게 말이 안 되는 거잖아. 이 때문에 노예제를 유지하려는 남부는 안팎으로 정당성을 얻기가 어려웠지.

더 나아가 노예제는 정치적인 문제이기도 했어. 영토가 넓어지면서 미합중국에 새로 가입하는 주가 노예제를 인정하는 노예

주가 될 것인가 아니면 노예제를 반대하는 자유주가 될 것인가 하는 문제가 있거든. 미합중국이 탄생했을 때, 미국 상원은 주마다 2명의 의원을 두고, 하원 의원은 인구에 따라 선출하기로 했던 거 기억나니? 따라서 노예주가 늘어나면 그만큼 인구가 늘어난 남부와 노예 소유주들의 힘이 커지는 거야.

이게 크게 문제가 된 건 1819년에 미주리가 연방에 가입 신청을 했을 때야. 이때 미주리는 노예제가 자리 잡고 있는 곳이었어. 그런데 당시 미국은 11개의 자유주와 11개의 노예주로 이루어져 있었어. 미주리가 노예를 인정하는 주로 가입하면 균형이 깨지는 상황이었지. 이때 매사추세츠 주 북부 지역인 메인이 독립된 주로 가입 신청을 했어. 그래서 논란 끝에 미주리는 노예주로 메인은 자유주로 연방에 들어오기로 했단다.

여기에 덧붙여 미주리 주 남쪽 경계선인 북위 36도 30분 북쪽 지역에서는 미주리를 제외하고 노예제를 금지하기로 했단다. 이

자유주와 노예주로 나뉜 아메리카
1850년에 만들어진 지도야. 붉은색이 자유주, 푸른색이 노예주를 표시한 거란다. 왼쪽 중간에 하얀 선이 보여? '미주리 타협'을 표시한 거야.

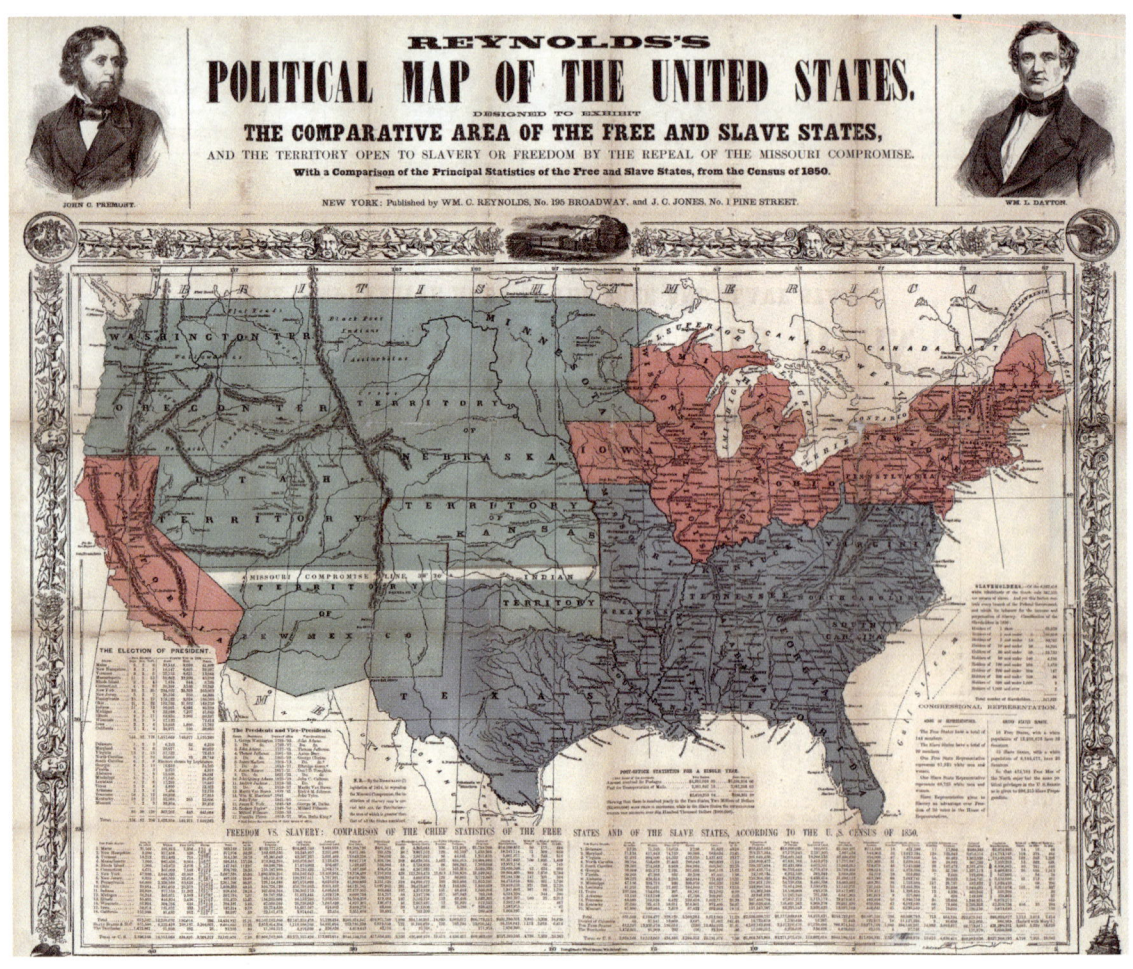

를 '미주리 타협'이라고 불러. 꽤나 절묘한 타협이긴 했지만, 타협은 문제를 해결한 게 아니니 노예제 문제는 언제라도 불거질 것이었어.

다시금 노예제 문제가 떠오르게 된 건 캘리포니아 등 새로 획득한 서부의 넓은 영토 때문이야. 1849년에 캘리포니아가 자유주로 연방 가입을 신청했거든. 그러자 노예제를 인정하는 남부 주들이 가만있지 않았어. 사우스캐롤라이나의 존 칼훈 의원은 연방을 탈퇴하겠다는 말을 서슴지 않았어. 하지만 이때도 타협안이 마련되었단다. 일리노이 주 상원 의원인 스티븐 더글러스가 쟁점이 되는 문제를 다섯 개의 법안으로 만들어 하나씩 통과시키자고 한 거야. 그 결과 캘리포니아는 자유주가 되고, 뉴멕시코와 유타는 노예제 문제를 주가 알아서 결정하기로 하고 연방에 가입했어. 수도인 워싱턴 D.C.에서는 노예 매매를 금지하기로 했단다. 끝으로 남부 주들의 요구를 받아들여 도망친 노예를 잡는 '도망노예법'이 통과되었어. 이 일을 '1850년의 타협'이라고 불러.

이번에도 타협으로 끝나긴 했지만 남부와 북부의 갈등은 날로 커졌어. 도망노예법은 언제라도 폭발할 수 있는 불씨였고, 아직 연방에 가입하지 않는 영토도 문제로 남아 있기는 마찬가지였지. 그래서 1850년대에는 내내 정치적으로 좋지 않은 분위기가 계속되었단다.

납치 주의 안내문(위)과 노예 현상 수배지(아래)
피부색이 다른 사람들은 노예로 납치당하는 걸 조심하라는 안내문과 도망친 노예를 잡아 오면 보상금을 주겠다는 수배지야.

노예 문제로 시작된 남북 전쟁 | 99

남북 전쟁의 총성이 울리다

이런 위기 속에 등장한 사람이 바로 링컨이야. 성공한 변호사였던 링컨은 1858년 일리노이 주 의원 선거에 공화당 후보로 나섰어. 상대방은 1850년의 타협을 이끌어 낸 더글러스였지.

선거 기간 동안 링컨은 노예제에 대해 반대한다는 뜻을 분명하게 밝혔어. 그렇지만 오늘날처럼 흑인과 백인이 동등하다고 생각해서 링컨이 그렇게 주장한 건 아니야. 링컨은 우선 인간을 짐승처럼 다루는 노예제는 도덕적으로 잘못되었다고 보았어. 어쨌든 미국 땅에 사는 모든 사람은 기본적인 권리를 누려야 한다는 거지.

그런데 링컨에게 이보다 더 중요한 것은 미국이라는 나라를 지키는 거였어. 링컨은 노예제 때문에 나라가 쪼개질 지경이라고 생각했지. 이런 이유로 "노예제를 폐지해서 연방을 지킬 수 있다면 그렇게 할 것이고, 노예제를 유지해서 연방을 지킬 수 있다면 또한 그렇게 할 것"이라고 말할 정도였단다. 그리고 당장은 노예제가 새로 얻은 영토로 확산되는 것을 막는 게 중요하다고 보았지.

이러한 뜻을 펼치고 나선 선거의 결과는 링컨의 패배였어. 비록 선거에서 지긴 했지만 링컨은 자신의 이름을 널리 알리는 데 성공했단다. 그를 지지하는 사람들에게는 미국을 지킬 사람으로, 그를 반대하는 사람들에게는 노예제를 없애려는 사람으로 이름을 날린 거지.

이런 링컨이 1860년 11월 대통령 선거에서 공화당 후보로 당선되었어. 남부 사람들은 링컨의 당선으로 더 이상 연방에 남아 있을 필요가 없다고 생각했어. 얼마 후 사우스캐롤라이나가 처음으로 연방에서 탈퇴했어. 다음 해인 1861년 1월과 2월 사이에 미시시피, 플로리다, 앨라배마, 조지아, 루이지애나, 텍사스 등 여섯 주가 탈퇴했어. 이 주들이 모여 남부 연합을 만들었단다. 이제 미국은 둘로 갈라졌고, 누가 먼저 총을 쏠 것인가 하는 문제만 남은 셈이었지.

대통령 자리에 오른 링컨은 단호했어. 연방을 탈퇴하기 위해 군대나 폭력을 사용하는 것은 반란이며, 연방 정부는 탈퇴한 주에 있는 연방 정부의 재산과 시설을 지킬 것이라고 말했

게티즈버그 전투
연방의 수도를 두고 벌어진 게티즈버그 전투는 5만 명 이상의 엄청난 사상자를 내고 끝이 났어. 이 전투로 남군은 심각한 피해를 입었고, 남북 전쟁이 북군의 승리로 끝나게 되었지.

단다. 이에 대한 남부 연합의 대답은 '전쟁'이었어.

 1861년 4월, 남부 연합의 군대가 남부에 있는 연방 요새인 섬터 요새를 공격함으로써 남북 간의 전쟁이 시작되었어. 전쟁이 시작되고, 2년 동안 양쪽은 일진일퇴를 거듭했단다. 하지만 전쟁이 길어지면서 인구, 조직, 산업이 우세한 북군이 우위를 점하게 되었어. 1863년 7월이 되자 북군은 미시시피의 빅스버그를 점령했고, 펜실베이니아의 게티즈버그 전투에서도 승리를 거두었지.

다음 해 9월에는 조지아의 애틀랜타와 남부 최대 도시인 뉴올리언스도 점령했단다. 그러자 1865년 4월 남군의 군사령관인 로버트 리 장군이 항복했고, 이로써 전쟁이 끝났어.

노예제 문제도 전쟁 속에서 해결의 실마리를 찾았어. 링컨은 남부의 힘을 약화시키기 위해 1862년 9월에 '예비 노예 해방령'을 선포했거든. 이것은 반란 지역의 모든 노예는 1863년 1월 1일부터 해방된다는 내용이었어.

하지만 반란을 일으킨 주라 할지라도 연방에 다시 돌아오면 노예를 해방시키지 않아도 되었단다. 따라서 진짜로 노예가 해방된 것은 전쟁이 끝나고 난 뒤였지. 그렇지만 전쟁 속에 노예제로부터 해방된 남부의 흑인들은 연방군에 입대하여, 노예제 폐지를 위해 싸웠단다.

미국, 다시 하나가 되다

전쟁은 할 때도 큰일이지만, 끝났을 때가 중요하단다. 전쟁이 일어난 원인을 없애지 않으면 언제라도 전쟁이 다시 일어날 수 있으니 말이야. 남북 전쟁도 마찬가지였어.

우선 전쟁 중에 해방된 노예들을 어떻게 대우할 것인가 하는 문제가 있었어. 또 하나는 연방에서 탈퇴해 전쟁을 일으킨 남부의 주들을 어떻게 할 것인가 하는 문제였지.

게티즈버그 연설

남북 전쟁의 승패를 가른 전투 가운데 하나가 1863년 7월 초에 벌어진 게티즈버그 전투야. 3일 동안 벌어진 전투로 남군에서는 5만 명 이상의 전사자가 생겼어. 물론 북군도 적지 않은 손실을 입었지.

그해 11월, 이 전투에서 죽은 사람들의 묘지에서 추도식이 열렸어. 여기에 링컨 대통령도 참석했단다. 링컨은 이 전쟁이 미국이 둘로 쪼개지는 것을 막기 위한 것이라고 생각했지만, 그 이상도 생각했어. 그래서 이렇게 말했단다.

"신의 가호 아래 이 나라는 자유의 새로운 탄생을 보게 될 것이며, 국민의, 국민에 의한, 국민을 위한 정부는 결코 이 지상에서 사라지지 않을 것입니다."

링컨의 이 연설은 '민주주의'를 가장 정확하게 설명하는 말로 오늘날까지 자주 인용되고 있단다.

게티즈버그의 묘지와 추도비

다양한 의견이 있었단다. 남부가 반란을 일으켰기 때문에 남부 백인들의 시민권을 박탈하고, 부유한 백인들의 재산을 몰수해야 한다고 주장한 사람들이 있었어. 반대편에는 이제 전쟁이 끝났으니 남부를 용서하고 연방에 받아들여야 한다는 사람들도 있었지.

해방된 노예에 대해서도 생각이 달랐어. 어떤 사람들은 이들에게 미국 시민권을 줄 뿐만 아니라 땅도 주어 제대로 살아갈 수 있도록 해야 한다고 생각했어. 반대편에는 흑인이 백인과 동등하게 살아간다는 건 말도 안 된다고 보는 사람들이 있었단다.

'노예 해방의 아버지'이자 미국의 대통령인 링컨의 생각은 어떠했을까. 링컨이 가장 중요하게 생각한 것은 미국이 다시 하나의 나라가 되는 거였어. 서로 전쟁을 벌였지만 남부가 충성 서약을 하면 다시 연방에 들어오게 해야 한다고 보았지. 그런데 해방된 노예들에 대해서는 좀 애매한 태도였어. 링컨은 흑인도 인간이지만, 백인과 동등하다고 생각하지는 않았거든.

그러던 중 링컨이 암살당했어. 1865년 4월 14일 밤에 일어난 일이었지. 범인은 남부의 복수를 꿈꾼 젊은 연극배우 존 윌크스 부스라는 사람이야. 부스는 링컨 대통령 부부가 워싱턴의 포드 극장에서 연극을 관람한다는 소식을 듣고 암살을 준비했어. 그리고 그날, 연극이 상연되는 도중 관람석 뒤로 접근한 부스가 링컨에게 총을 쏘았단다. 링컨은 다음 날 아침에 사망했어.

링컨의 암살
극장에서 벌어진 링컨의 암살 사건을 담은 그림이야.

링컨의 뒤를 이은 부통령 앤드루 존슨은 링컨과 마찬가지로 남부를 관대하게 대해야 한다고 생각한 사람이야. 남부가 노예제를 폐지하고 충성 서약을 하면 연방에 받아들이겠다고 했지. 대신 해방된 노예가 어떤 지위를 가질 것인지는 각 주가 알아서 하라고 했단다.

그러자 공화당 내의 급진파가 반발했어. 의회에서 다수였던 이들은 헌법을 고쳐 노예제 폐지뿐만 아니라 자유를 얻은 이들에게 미국 시민의 권리를 부여했어. 더 나아가 정치 참여의 권리까지 주었고, 이런 권리를 막는 사람을 처벌하도록 했어. 이를 위해 남부에 군대를 동원해 간섭하기까지 했지. 이에 더해 해방 노예를 돕는 계획도 마련했어.

 그러자 이번엔 남부가 크게 반발했어. 갈수록 대립이 커지자 적당한 선에서 마무리하자는 정치가들도 조금씩 늘어났지. 결국 1877년에 연방 군대가 남부에서 모두 철수하면서 진짜로 전쟁이 끝났단다. 흑인 노예는 자유를 얻었고, 미국은 다시 하나가 되었지.

노동절을 맞아 행진하는 사람들

헤이마켓 사건과 노동자의 삶 09

1607년
영국, 북아메리카에 제임스타운 건설

1620년
〈메이플라워 서약〉 작성

1773년
보스턴 티 파티 사건

1776년
〈독립 선언서〉 발표

1787년
연방 헌법 제정

1803년
루이지애나를 사들임

1852년
비처, 《톰 아저씨의 오두막》 출간

1861년
남북 전쟁이 일어남

1886년
헤이마켓 사건

1898년
미국-스페인 전쟁

1903년
프로 야구 월드시리즈 시작

1917년
세계 대전 참전

1920년
최초의 라디오 상업 방송 시작

1929년
대공황 시작

1947년
마셜 플랜 시행

1963년
워싱턴 행진

2001년
9.11 테러

5월 1일이 국제 노동절이라는 걸 들어 봤니? 우리나라에서는 근로자의 날이라고도 해. 우리나라를 비롯해 세계 대부분의 나라가 기념하는 날이야. 1889년 세계 사회주의자들과 노동조합 대표자들이 모인 제2인터내셔널 대회에서 5월 1일을 국제 노동절로 정하면서 생긴 거야. 이들이 5월 1일로 정한 건 1886년 5월 초에 미국의 시카고에서 있었던 헤이마켓 사건을 기념하기 위해서야. 이때 노동자들이 하루 8시간 노동을 요구하며 파업을 벌였는데, 경찰이 총을 쏴서 여러 사람이 죽거나 다쳤거든. 그래서 전 세계 노동자들의 단결과 투쟁을 기념하는 날로 정하게 된 거야.

헤이마켓 광장의 폭발

産業革命
낳을 산 업 업
가죽 혁 목숨 명

유럽에서 수공업 위주였던 작업이 기계를 이용하는 산업으로 바뀐 변화를 가리키는 말.

산업 혁명으로 기계가 등장하면서 사람들의 노동 시간도 크게 늘어났단다. 공장주들이 더 많은 이윤을 뽑아내기 위해 기계를 놀게 두지 않았거든. 하루 14시간은 보통이고 16시간까지 일하기도 했지. 하지만 사람이 그렇게 일할 수는 없는 노릇이야. 그래서 19세기 중반부터 조금씩 노동 시간이 줄어들기 시작했어. 노동자들도 노동조합을 만들었고, 사회개혁가들도 노동 시간을 줄이자고 목소리를 높였단다.

1880년대 들어 노동 시간을 줄이자는 노동자들의 요구는 더욱 커졌어. 특히 미국의 노동자들이 앞장섰지. 미국 노동조합의 연합체인 미국 노동자 연맹은 1886년 5월 1일까지 주 정부들이 8시간 노동을 받아들이지 않을 경우 총파업을 벌이자고 했어. 하지만 주 정부나 자본가들은 이 요구를 들어줄 생각이 없었지.

罷業
마칠 파 업 업

이때 산업 중심지였던 일리노이 주의 시카고에 있는 매코믹 수확기 회사에서는 얼마 전부터 파업이 벌어지고 있었어. 회사가 동원한 파업파괴자와 시 경찰은 파업을 벌이는 노동자들을 끊임없이 공격했단다. 1886년 5월 3일, 노동자와 회사 측 파업 파괴자 사이에 충돌이 일어나자 경찰이 총을 쏴서 6명이 죽고 수십 명이 부상당했어.

그러자 노동자들은 다음 날, 헤이마켓 광장에서 경찰의 폭력

헤이마켓 광장에서 벌어진 폭발
누군가 폭탄을 터뜨리면서 평화롭게 진행되던 노동자들의 집회는 아수라장이 되었어. 이때 폭탄이 터지면서 경찰 7명도 죽었단다.

에 항의하는 집회를 열었지. 수천 명이 모였어. 경찰은 해산하지 않으면 모두 체포하겠다고 했어. 그때 누가 던졌는지 모르는 폭탄이 터졌어. 그러자 경찰이 모인 사람들을 향해 또다시 총을 쐈고 이번에는 4명이 죽었단다.

경찰은 별다른 증거도 없이 폭탄 사고가 무정부주의자들이 벌인 일이라고 발표했어. 그러고는 8명을 체포해서 살인죄로 기소했단다. 증거도 없는 이 재판은 피고인들에게 불리하게 진행되었고, 법원은 이들에게 모두 유죄를 선고했어. 이 가운데 5명은 사형 선고를 받았고, 곧 형이 집행되었단다. 나머지 사람들은

헤이마켓 사건 기념비
헤이마켓 사건 100주년을 맞이하여 당시의 희생자들을 위해 세운 기념비야.

나중에 일리노이 주지사가 사면했어. 유죄를 입증할 만한 증거가 없었다는 것을 주지사가 인정했던 거야.

헤이마켓 사건은 미국뿐만 아니라 전 세계 노동자들에게 큰 충격을 주었어. 또한 노동자들의 요구가 그냥은 이루어지지 않는다는 것, 때로는 억울한 죽음까지 있다는 것을 널리 알려준 사건이 되었지. 이럴 때 오로지 단결된 힘으로만 노동자들의 정당한 요구가 받아들여진다는 것을 보여 주기 위해 국제 노동절이 만들어진 거야.

강도 귀족, 돈을 긁어모으다

헤이마켓 사건만이 아니라 19세기 후반은 노동자들의 파업과 이를 막으려는 기업과 권력 사이에 힘겨루기가 계속된 때였어. 남북 전쟁이 끝난 후 자본주의적 산업화가 빠르게 이루어졌어. 자본주의란 돈, 즉 '자본'을 가진 사람들이 노동자를 고용해서 물건을 만들어 팔아 더 많은 돈을 버는 세상을 뜻해. 물건을 팔고, 필요한 노동자를 찾는 곳은 시장이지. 수많은 사람들이 시장에 모여들기 때문에 치열한 경쟁이 벌어진단다.

資本
재물 자 근본 본

그런데 겉으로는 공평하게 경쟁을 벌이는 것처럼 보이지만 사실은 그렇지 않은 경우도 있어. 자본이 많고, 돈을 벌기 위해서라면 물불을 가리지 않는 소수가 시장을 주무르기도 하거든. 게다가 이들은 조금이라도 더 벌기 위해 노동자들에게 최대한 낮은 임금을 주려고 해. 19세기 후반의 미국은 이런 모습이 특히 심했단다.

석유 분야의 존 록펠러, 철도 분야의 윌리엄 밴더빌트와 제이 굴드, 철강 분야의 앤드루 카네기, 금융 분야의 존 피어폰트 모건 등이 악명 높은 기업가들이었어.

정유 회사 직원이었던 록펠러는 남북 전쟁 직후 돈 많은 자본가들에게 돈을 끌어모아 자기 회사를 차린 사람이야. 이 회사는 너무 부패해서 곧 망하고 말았지. 그러자 록펠러는 1870년에 다시 오하이오 주에서 스탠더드 석유 회사를 세웠어. 록펠러는 의원들에게 뇌물을 주어 든든한 배경으로 삼았고, 철도 회사들과 비밀 거래를 해서 운송 비용을 할인받았어. 게다가 다른 정유 회사 석유는 운반하지 못하게 했지. 비열한 방법을 통해 경쟁사들을 물리친 스탠더드 석유 회사는 그 회사들을 몽땅 사들여 몸집을 불렸고, 그 덕분에 십 년이 안 되어 석유 시장의 90퍼센트 이상을 차지할 수 있었단다.

한편, 철도 산업은 당시 가장 중요한 사업이었어. 그러니 돈도 많이 벌 수 있는 일이었지. 철도를 놓으려면 땅이 필요한데

록펠러를 묘사한 카툰
경쟁사들을 모두 물리치고 몸집을 불린 끝에 석유왕으로 불린 록펠러를 풍자적으로 그려 놓았어.

당시에는 정부 소유의 땅이 대부분이었어. 그래서 철도 회사들은 정부에 뇌물을 써서 싼값에 땅을 사려고 했단다. 또한 철도 공사는 힘들고 위험한 일이어서 공사 도중 노동자들이 목숨을 잃거나 다치는 경우가 무수히 많았어. 하지만 빨리 공사를 끝내려는 욕심에 회사는 안전수칙을 무시하기 일쑤였어. 이를 위해서도 뇌물이 필요했지.

이런 철도 산업에서 가장 유명한 사람이 코르넬리우스 밴더빌트야. 밴더빌트는 뇌물을 통해 뉴욕 센트럴 철도를 미국에서 가장 큰 회사로 만들었어. 그 후 자식에게 물려주었지. 회사를 물려받은 윌리엄 밴더빌트도 아버지처럼 회사를 운영했단다.

이밖에 존 피어폰트 모건은 남북 전쟁 때 구식 총을 싸게 사들여 개조한 다음 정부에 여섯 배나 비싼 가격에 팔아 돈을 벌었단다. 사람들이 죽어가는 전쟁을 돈벌이 기회로 삼은 거지.

그래서 어떤 사람은 이들을 '강도 귀족'이라고 불렀어. 산업 발전을 이끈 게 아니라 강도처럼 남의 돈을 빼앗았다는 거지. 강

강도 귀족인가 기부의 천사인가?

19세기 말에 돈을 엄청나게 벌어들인 기업가들은 두 얼굴을 지녔어. 뇌물을 주고, 노동자들을 탄압하는 등 수단과 방법을 가리지 않고 돈을 벌었는데, 이렇게 번 돈을 사회에 많이 기부하기도 했거든. 록펠러는 시카고 대학과 록펠러 대학을 세우고, 재단도 만들어 문화 사업을 했어. 강철왕 카네기는 미국 전역에 도서관을 짓는 데 엄청난 돈을 냈고, 록펠러와 마찬가지로 대학도 만들었단다. 이들만이 아니라 다른 기업가들도 마찬가지였어.

이런 모습을 위선이라고 말하는 사람들도 있어. 온갖 나쁜 짓은 다하고 이를 가리기 위해 좋을 일을 한다는 거지. 하지만 그들이 돈을 번 건 혼자 노력해서 된 게 아니라 사회 속에서 이루어진 것이기 때문에 기부를 하는 게

카네기의 기부 활동을 풍자한 그림

맞다고 생각하는 사람들도 적지 않아. 어쨌든 이런 미국의 기부 문화는 오늘날까지 이어지는 주요한 전통이 되었단다.

도 귀족들은 이렇게 번 돈으로 호화판 파티를 열고, 100달러짜리 지폐로 만든 담배를 피우거나, 비싼 보석을 아낌없이 나누어 주기도 했지. 어떤 사람은 애완견에게 다이아몬드 목걸이를 해 주기도 했어.

강도 귀족들은 이렇게 사치를 부리면서도 노동자들에게는 함부로 했단다. '강철왕'으로 불리는 앤드루 카네기는 스코틀랜드에서 태어나 미국으로 건너왔는데, 철강 사업으로 성공한 사람이야. 1892년, 펜실베이니아 홈스테드에 있는 카네기의 공장에서 파업이 일어났어. 회사가 임금을 줄이고 노동조합을 없애려 했기 때문이지. 파업이 일어나자 회사는 이들을 모두 해고하고 공장을 철조망으로 막아 버렸어. 이것도 모자라 핑커튼 탐정 회사의 경비원들을 불러 파업 노동자들과 맞서게 했지.

노동자들과 경비원들 사이에 충돌이 벌어져 경비원 3명과 노동자 10명이 죽었고, 노동자들의 파업은 실패로 끝나고 말았단다.

홈스테드 공장 파업 사건
당시 사건을 묘사한 그림이란다. 결국 펜실베이니아 주지사가 군대를 보내 회사를 지키게 했고, 노동자들의 파업은 실패로 끝나고 말았어.

노동자의 삶과 투쟁

산업화로 인해 강도 귀족처럼 돈 많은 사람도 늘었지만, 노동자는 훨씬 더 많아졌단다. 미국의 농촌 지역뿐만 아니라 전 세계에서 일자리를 찾아 수천만 명의 사람들이 미국의 산업 도시로 몰려왔어.

당시 노동자들의 삶은 정말 어려웠어. 대다수 노동자들은 낮은 임금을 받았어. 일 년에 600달러 정도는 벌어야 어느 정도 생활을 할 수 있었는데, 대다수는 500달러 이하를 벌었단다. 게다가 경제가 좋을 때야 걱정이 없지만 나빠지면 일자리를 잃기 일쑤였고, 쫓겨나지 않은 경우에도 임금이 깎였기 때문에 먹고살기 힘들었지.

일자리를 찾아온 이민자들
전 세계 곳곳에서 많은 사람들이 고향에서보다 더 나은 삶을 꿈꾸면서 미국의 공장으로, 항구로, 사무실로 밀려들었단다.

일하는 환경도 그리 좋지는 않았어. 우선 노동 시간이 길었어. 하루 10시간 이상 일주일에 6일을 일했단다. 또한 기계가 많이 이용되면서 기계의 리듬에 맞추어 단순한 일을 계속해야 했어. 산업 재해도 자주 일어났단다. 철도 공사나 광산처럼 위험한 경우는 말할 것도 없고 대부분의 작업장에서 오늘날보다 사고가 많이 일어났어.

사는 곳도 형편없었어. 보스턴 같은 곳에서는 3층짜리 목조 가옥에 노동자들이 세를 들어 살았어. 좁은 곳에 많은 사람이 살았기 때문에 이런 집을 '3층 갑판선'이라고 불렀단다. 다른 도시에서는 벽돌집이긴 했지만 마찬가지로 여러 가구가 한 집에서 살았어. 이런 주택을 '공동 주택'이라고 불렀어. 단순히 여러 가구가 산다는 뜻이지만, 실제로는 빈민가를 가리키는 말로 쓰였단다. 공동 주택에는 난방 시설이 없거나 심지어 방에 창문이 없는 곳도 있었어.

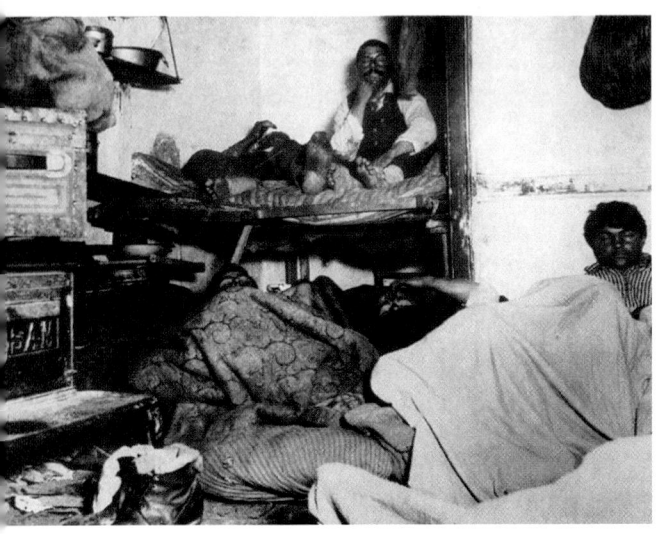

이민자들의 임시 숙소
홀로 미국으로 들어와 가족이 없는 사람들은 5센트만 내면 하룻밤을 보낼 수 있는 좁은 숙소에서 잠을 자기도 했어.

이런 빈민가에는 상하수도 시설도 제대로 되어 있지 않았어. 쓰레기 처리도 마찬가지였지. 물을 사용하는 것도, 쓰레기를 버리는 것도 어려우니 평소에 더러운 건 말할 것도 없고, 콜레라 같은 전염병이 자주 일어났단다. 도시 공기도 더러웠어. 사무실과 가정집에서 뿜어대는 연기, 공장에서 나오는 매연으로 도시는 안개가 낀 것처럼 자욱했단다. 그러니 사람들 건강이 안 좋아질 수밖에.

노동자들은 노동조합을 만들어 처지를 바꾸고자 했어. 한 사람 한 사람이 기업가를 상대하면 힘이 약하지만 노동조합으로 단결하면 커다란 힘을 발휘할 수 있거든. 특히 여러 노동조합이 힘을 합쳐 전국적인 조합을 만들면 힘이 커지지. 1869년에는 노동기사단이, 1881년에는 미국 노동자 연맹이 만들어졌어. 노동조합으로 힘을 모은 노동자들은 하루 8시간 노동, 아동 노동의 폐지, 임금 인상을 위해 싸웠단다.

헤이마켓 사건과 카네기의 홈스테드 공장 파업은 산업화 시대에 노동자들이 얼마나 힘들게 살았는지, 이를 바꿔 보려고 어떻게 노력했는지를 잘 보여 주는 일이야. 물론 당장은 노동자들이 뭔가를 얻는 데 실패했지. 하지만 그 후 8시간 노동이 이루어졌어. 그뿐만 아니라 미국 노동자 연맹 같은 노동자들의 조직은 계속 이어져 노동자들의 권리를 위해 싸우고 있단다.

| 미국–스페인 전쟁 기념비

강대국으로
올라서는 미국 10

- **1607년**
  영국, 북아메리카에 제임스타운 건설
- **1620년**
  〈메이플라워 서약〉 작성
- **1773년**
  보스턴 티 파티 사건
- **1776년**
  〈독립 선언서〉 발표
- **1787년**
  연방 헌법 제정
- **1803년**
  루이지애나를 사들임
- **1852년**
  비처, 《톰 아저씨의 오두막》 출간
- **1861년**
  남북 전쟁이 일어남
- **1886년**
  헤이마켓 사건
- **1898년**
  미국-스페인 전쟁

- **1903년**
  프로 야구 월드시리즈 시작
- **1917년**
  세계 대전 참전
- **1920년**
  최초의 라디오 상업 방송 시작
- **1929년**
  대공황 시작
- **1947년**
  마셜 플랜 시행
- **1963년**
  워싱턴 행진
- **2001년**
  9.11 테러

미국이 한창 안으로 힘을 기르고 있던 19세기 말 세계는 소용돌이에 휘말려 들어갔어. 유럽 주요 나라들이 아프리카와 아시아를 서로 차지하려고 싸웠기 때문이야. 산업화를 한 유럽 나라들은 상품을 팔고, 필요한 원료를 얻을 수 있는 새로운 땅이 필요했거든.

이런 사정은 미국도 마찬가지였어. 미국은 중앙아메리카와 남아메리카, 태평양과 동아시아까지 겨냥했어. 그러다 보니 오랫동안 이 지역을 지배한 에스파냐와 싸우게 되었단다.

태평양 한가운데 있는 하와이를 손에 넣다

하와이는 맑은 날씨와 넓은 해변으로 유명한 관광지야. 하지만 태평양 한가운데에 있기 때문에 군사적으로도 주요한 곳이지. 원래 폴리네시아인이 이주해 살던 이곳을 미국이 손에 넣은 건 1898년이야. 1959년에는 미국의 50번째 주가 되었지.

미국인들이 처음으로 하와이에 온 건 18세기 말이야. 뉴잉글랜드의 상인들이 장사를 하기 위해 왔지. 나중에는 중국과 무역을 하러 가는 중간에 잠깐 들르는 곳으로 이용했어. 당시 하와이를 다스리던 카메하메하 추장은 미국인들을 환영했어. 하와이

하와이를 찾은 유럽과 미국의 배
1800년대 초 하와이의 호놀룰루야. 원주민들의 집과 야자수 너머로 바다를 가득 메운 유럽과 미국의 배가 보이는구나.

경제에 보탬이 된다고 생각한 거지.

하지만 미국인들은 더 많은 것을 원했어. 우선 기독교를 전파하려는 선교사들이 있었지. 이들은 기독교를 믿지 않는 하와이 사람들을 야만인이라고 업신여기기도 했단다. 농장도 들어왔어. 1830년대에 보스턴의 상인인 윌리엄 후퍼가 땅을 사서 사탕수수를 재배하는 큰 농장을 만들었지. 그 이후 여러 사람들이 후퍼를 따라했단다.

이렇게 미국인들이 몰려오면서 하와이는 크게 바뀌기 시작했어. 가장 커다란 문제는 미국인들과 함께 건너온 전염병이야. 하와이 사람들은 낯선 전염병을 이겨 낼 면역 체계가 없었어. 그래서 많은 사람들이 죽었지. 또한 미국인이 가져온 술과 총 같은 무기도 하와이 사회를 변화시켰단다.

더 큰 변화는 1887년에 있었지. 예나 지금이나 강대국이 되기 위해서는 강한 해군이 꼭 필요해. 그 무렵 미국이 그러했어. 그렇게 커진 해군은 하와이의 오아후 섬에 있는 진주만을 기지로 삼아야 한다고 주장했지. 결국 1887년에 하와이는 진주만에 해군 기지를 허용하는 조약을 미국과 맺었어.

또 다른 변화는 사탕수수야. 1875년에 미국은 하와이의 사탕수수에 관세를 면제해 주는 협정을 맺었어. 그 결과 사탕수수 재배가 하와이 경제에서 중요하게 되었지. 그리고 이런 사탕수수 농장에 일손이 많이 필요하자 아시아 사람들을 받아들였단다.

하와이의 사탕수수 농장
설탕을 만들기 위해 사탕수수 줄기를 수확하는 모습이야. 일하는 사람들은 중국에서 하와이로 간 사람들이란다.

릴리우오칼라니 여왕
하와이의 마지막 여왕은 하와이를 빼앗기지 않으려고 노력했지만 1894년에 궁에 갇혀 끝내 폐위되고 말았어.

일본인과 중국인에 이어 1903년에는 한국인도 처음으로 하와이 땅에 발을 디뎠단다.

하지만 하와이 사람들도 가만있지는 않았어. 점점 자신들의 것을 빼앗긴다고 생각한 하와이 사람들은 1891년에 릴리우오칼라니 여왕을 세우고 미국에 저항했지. 이에 미국은 경제적으로 하와이를 압박했어. 미국 의회가 사탕수수에 대한 관세 면제를 없애 버렸단다. 하와이 경제가 나빠지는 건 불을 보듯 뻔한 일이었어. 그러자 하와이에 있는 미국인 농장주들이 하와이를 미국의 일부로 만드는 것만이 유일한 해결책이라고 주장하고 나섰어. 미국은 이들을 돕기 위해 군대를 보내기까지 했지. 결국 1898년에 하와이는 미국에 합병되고 말았단다.

쿠바를 내세워 에스파냐와 싸우다

1898년 2월 15일, 쿠바의 아바나 항에 정박해 있던 미국 전함 메인호에서 이유를 알 수 없는 폭발이 일어났어. 이 사고로 260명이 넘는 사람이 죽었어. 이 사건이 일어나자 신문에는 에스파냐가 폭발 사건을 일으킨 것이고, 미국은 이에 맞서 싸워야 한다는 기사가 넘쳐났지. 그러면서 많은 미국인들이 이 일을 사고가 아니라 음모라고 믿게 되었어.

이런 분위기 속에서 미국 의회는 만장일치로 5000만 달러의 군사비 지출을 승인했단다. 그리고 두 달 후에 맥킨리 대통령이 의회에 선전 포고를 요청했고, 곧바로 의회는 에스파냐에 선전 포고를 했지. 전쟁이 시작된 거야. 이게 어떻게 된 일인지 살펴보자.

미국의 플로리다에서 얼마 떨어져 있지 않은 쿠바는 오랫동안 에스파냐의 식민지였어. 1868년에 처음으로 쿠바인들은 에스파냐에서 독립하기 위해 싸우기 시작했단다. 하지만 성공하지 못했어. 그러다 1895년에 다시금 쿠바인들이 들고 일어났어. 그러자 에스파냐는 잔혹하게 이들을 진압했지. 특히 강제 수용소를 지어 수많은 사

메인호 폭발 사고를 실은 신문 기사
미국의 신문들은 일제히 에스파냐를 범인으로 몰아갔지만 함께 조사하자는 에스파냐의 요구에는 침묵했단다. 폭발의 원인은 아직도 밝혀지지 않았어.

강대국으로 올라서는 미국 | 125

람들을 가두었어. 이곳에서 수천 명이 영양실조와 질병으로 죽었단다.

그러자 미국에 살던 쿠바 망명객들이 쿠바 반란을 지지했고, 미국에게도 도와 달라고 요청했지. 게다가 앞에서 말한 미국 신문들이 쿠바 사건을 앞다투어 보도했어. 신문을 많이 팔려면 자극적인 기사가 필요했는데, 당시 쿠바 반란이 그런 일이었거든. 그러면서 점차 쿠바가 미국 정치의 중심적인 일이 되었지. 메인호 폭발 사건은 이런 과정에서 일어난 일이야.

1898년 4월 말에 시작된 미국과 에스파냐의 전쟁은 넉 달 만

亡命客
망할 망 목숨 명 손님 객

박해를 피해 다른 나라로 몸을 옮긴 사람

에스파냐와 전투를 치르는 미군
쿠바 동남쪽의 산후안 언덕에서 벌어진 전투로 미국은 승리를 확고히 얻을 수 있었단다.

에 끝났어. 이미 쿠바인들이 열심히 싸워 에스파냐 군대가 약해진 상태였기 때문이야. 그래서 미군 전사자는 460명밖에 되지 않았어. 도리어 말라리아 같은 질병으로 죽은 사람이 5000명이 넘었지. 이렇게 손쉽게 승리했기 때문에 당시 국무장관인 존 헤이는 이 전쟁을 '눈부신 작은 전쟁'이라고 했단다.

8월 12일, 에스파냐는 쿠바의 독립을 인정했어. 이와 더불어 푸에르토리코 섬을 미국에 넘겨주었지. 또 하나 에스파냐 식민지인 필리핀도 미국이 마음대로 할 수 있게 했어. 이렇게 된 건 쿠바를 둘러싸고 미국과 에스파냐가 전쟁을 시작할 때, 미국의 태평양 함대가 필리핀의 마닐라를 점령했기 때문이었지.

　이렇게 미국은 에스파냐와의 전쟁을 통해 강대국으로 올라서게 되었어. 쿠바를 독립시켜 자기 영향력 아래에 두었을 뿐만 아니라 태평양 너머의 필리핀을 손에 넣어 아시아로 뻗어나갈 수 있게 되었거든. 하지만 이를 위해서는 또 한 차례 전쟁을 치러야 했단다.

하늘 높이 솟아오르는 도시

 남북 전쟁 이후 산업이 크게 발전하면서 도시도 많아지고 커졌어. 도시가 커진다는 건 넓어진다는 뜻이지만, 이제 기술 발전으로 위로도 치솟았단다.

 고층 건물이 처음 세워진 도시는 시카고였어. 1884년에 한 보험 회사가 10층짜리 사옥을 세웠단다. 오늘날 10층 건물은 고층 건물에 끼지도 못하지만 당시로서는 대단한 일이었지. 이런 고층 건물이 지어질 수 있었던 건 새로운 강철 대들보 때문이야. 강철 대들보는 훨씬 더 튼튼하면서도 부피가 작았기 때문에 높은 건물을 짓는 데 적합했지. 여기에 더해 사람이 타는 엘리베이터가 개발되었어. 이게 있어야 편안하게 높은 층까지 올라갈 수 있겠지?

 10층짜리 건물이 들어선 이후 시카고에는 점점 더 많은 고층 건물이 들어섰어. 그 덕분에 시카고는 20세기 건축의 전시장이라는 별명을 얻었단다. 그러자 미국의 중심 도시인 뉴욕에도 높은 건물들이 생겨났지. 대표적인 게 1931년에 세워진 엠파이어스테이트 빌딩이란다. 무려 102층이야.

고층 건물이 늘어선 시카고의 풍경

미국에 저항한 필리핀 사람들

필리핀의 저항군
미국은 쿠바 때와 마찬가지로 필리핀의 독립을 위한다며 에스파냐와 싸워서는 필리핀을 손에 넣었단다. 필리핀 사람들은 저항군을 조직해 독립운동을 이어 갔어.

미국이 1898년에 에스파냐와 전쟁을 벌인 명분은 쿠바가 독립해야 한다는 거였어. 하지만 속내는 쿠바를 자기 마음대로 하겠다는 거였지. 미국은 전쟁에서 이겼고, 뜻대로 쿠바를 독립시켰어.

그런데 전쟁에 이기면서 태평양 너머에 있는 필리핀까지 손에 넣었단다. 이로써 미국은 유럽 나라들처럼 멀리 떨어진 곳에 식민지를 얻게 되었지. 그러자 에스파냐로부터 독립하기 위해 싸웠던 필리핀 사람들이 이제 미국을 상대로 싸우기 시작했단다.

처음에 미국은 필리핀 사람들의 저항이 별거 아니라고 생각했어. 하지만 에밀리오 아기날도가 이끄는 저항군은 3년 넘게 게릴

하로 보았기 때문이야.

  이 전쟁이 끝난 건 1901년 3월에 아기날도가 생포되었기 때문이야. 잔혹한 전쟁으로 동포들이 죽어가는 것을 더 이상 볼 수 없었던 아기날도는 미국과 전쟁을 끝내자는 데 합의했지.

  이로써 미국은 필리핀을 손에 넣었어. 물론 이 과정에서 끔찍한 악명을 얻었지. 더욱 불길한 것은 20세기에 벌어진 나머지 전쟁에서도 그런 악명이 이어질 것이라는 점이었어.

저항 활동을 하는 필리핀 사람들을 묘사한 그림

라전을 벌였어. 이에 미군은 당황할 수밖에 없었지만 필리핀 사람들이 얼마나 독립을 원하는지 알게 되었단다.

  하지만 그럴수록 미군은 저항군을 더욱 가혹하게 다루었어. 포로로 잡은 게릴라를 그 자리에서 처형하기도 하고, 마을을 모두 불살라 버리기도 했단다. 이렇게 할 수 있었던 건 미국인들이 필리핀 사람들을 인간 이

| 1900년대 초, 뉴욕의 길거리 음식점들

새로운 먹거리, 새로운 문화   11

햄버거를 처음 만들어 냈다는 가게
뉴헤이븐의 이 식당에서 루이스 라센이라는 가게 주인이 1900년에 식빵 사이에 구운 소고기를 넣어 팔기 시작했다고 해.

항구가 되었어.

이곳 사람들은 꽤 오래 전에 러시아에서 온 요리법을 가지고 햄버그스테이크를 만들었다고 해. 이게 미국으로 건너간 거야. 당시 함부르크에서 출발하는 배가 가장 많이 도착하는 데가 뉴욕이었어. 19세기 말이 되자 햄버그스테이크는 뉴욕에 있는 식당에서 가장 인기 있는 메뉴가 되었다고 해. 잘게 썬 고기를 뭉쳐서 소금을 뿌려 살짝 구운 다음 양파와 빵을 곁들여 손님에게 내놓는 요리였어.

누가 햄버거를 처음 만들었는지는 여전히 논란거리야. 여러 사람이 자기가 처음 만들었다고 주장했거든. 하지만 두 가지는 분명해. 1885년에서 1904년 사이에 처음 등장했고, 장터나 박람

회 같은 곳에서 들고 다니면서 먹기 편하게 만들어졌다는 거야. 빵 사이에 햄버그스테이크를 넣은 게 새로운 아이디어였던 거지. 나중에는 여기에 양상추, 피클, 양파 등 여러 야채도 들어가게 되었지.

이렇게 만들어진 햄버거가 인기를 끈 건 산업화와 도시화 때문이야. 바쁜 세상에서 열량 높은 음식을 값싸고 빨리 먹을 수 있게 한 거지. 1920년대에 월터 앤더슨이라는 사람이 캔자스 주에서 화이트 캐슬이라는 햄버거 식당을 열었어. 화이트 캐슬은 햄버거를 위생적으로 만들었을 뿐만 아니라 재료 등을 표준화해서 빨리 만들어 냈어. 그리고 미국 여러 곳에 똑같은 체인점을 세웠단다. 이렇게 해서 '패스트푸드'가 탄생했어.

물론 햄버거를 미국의 상징이자 시대의 문화로 만든 건 맥도날드 집안이야. 패트릭 맥도날드와 두 아들인 리처드와 모리스는 1940년에 '맥도날즈'라는 식당을 캘리포니아에 열었어. 처음에는 다양한 메뉴를 팔았지만 대부분의 손님이 햄버거를 사러 온다는 것을 알게 된 맥도날드 형제는 햄버거를 주로 팔기 시작했단다.

맥도날드가 미국 음식 문화의 상징이 된 건 값이 싸기도 했지만, '드라이브 스루'라는 새로운 판매 형태를 만들었기 때문이야. 말 그대로 차를 탄 채로 햄버거를 살 수 있다는 거야. 당시 미국인들은 너도나도

맥도날드의 드라이브 스루 표지판
우리나라 곳곳에서도 맥도날드 매장을 발견할 수 있어. 맥도날드에서 시작된 드라이브 스루는 차를 타는 사람이 많아지면서 우리나라에도 1992년부터 도입되었지.

차를 갖기 시작한 때라 차를 타고 햄버거를 산다는 건 매우 미국적인 문화였던 거지.

2차 대전 이후 미국이 세계를 주도하면서 맥도날드 햄버거도 함께 전 세계로 퍼졌어. 이제는 전 세계 어디를 가도 노란색 맥도날드 간판을 볼 수 있단다.

미국 문화의 상징, 콜라

햄버거 옆에 항상 함께 있는 게 콜라야. 여러 회사 제품이 있지만 가장 많이 팔리는 건 코카콜라지. 오늘날 가장 가치 있는 브랜드로 불리는 코카콜라도 맥도날드 햄버거와 마찬가지로 미국

✤ 시카고, 세계 최대의 도살장 ✤

미국에서 세 번째로 큰 도시인 시카고에는 시카고 불스라는 프로 농구팀이 있어. '불스'가 황소라는 뜻인 건 알지? 이 이름은 지금은 문화유산이 된 세계 최대의 도살장에서 유래했단다.

시카고는 오대호 연안에 있는 도시로 교통이 발전하면서 커진 곳이야. 특히 중서부에서 키운 가축을 모아서 가공한 뒤, 동부의 대도시로 보내는 식품업이 발전했단다. 동부의 고기 수요가 늘자 철도업자들은 자본을 모아 1865년에 공동 가축 사육장과 도살장을 만들었어. 그 규모가 얼마나 컸냐 하면 19세기 후반에서 1920년대까지 시카고에서 처리되는 고기의 양이 전 세계에서 처리되는 것보다 많았다고 해.

하지만 1970년대 초에 식품산업이 쇠퇴하면서 문을 닫았어. 대신 이 자리에는 사육장이었던 것을 상징하는 문이 세워졌단다.

문화의 상징이란다. 코카콜라가 처음 만들어질 때는 그냥 마시는 음료가 아니라 의약품이었어.

존 펨버튼 대령은 남북 전쟁 때 심한 부상을 당해 항상 진통제를 먹어야 했어. 그런데 진통제는 중독된다는 문제가 있단다. 그래서 약제사이기도 했던 펨버튼 대령은 진통제를 대신할 수 있는 뭔가를 만들려고 했어. 그렇게 해서 1885년에 처음 만든 게 알코올이 들어 있는 코카와인이었어. 일종의 피로회복제로 약국에서 팔았단다. 이게 코카콜라의 원조야. 다음 해에는 알코올을 빼긴 했지만 여전히 약국에서 팔았어.

몇 년 후에 펨버튼은 이 약의 제조

법을 아사 캔들러라는 사람에게 팔았어. 제조법을 사들인 캔들러는 1892년에 코카콜라 회사를 설립하고 코카콜라를 병에 담아 팔기 시작했단다.

20세기 들어와서 코카콜라는 일상적으로 마시는 음료로 팔리기 시작했어. 여성의 치마 모양으로 된 코카콜라 병이 나온 건 1919년이었고 말이야.

이렇게 해서 세상에 나온 콜라는 햄버거 옆에 놓이면서 더욱 인기를 끌게 되었어. 코카콜라가 나온 다음, 경쟁 업체가 펩시콜라를 내놓았어. 두 회사는 햄버거 식당과 손을 잡고 버거와 함께 콜라를 팔기 시작했지. 그러면서 콜라 시장은 더욱 커졌지.

2차 대전 이후에는 햄버거와 마찬가지로 콜라도 전 세계로 퍼져나가 미국의 상징이 되었단다.

| 워싱턴 D.C.의 2차 세계 대전 국립 기념물

세계 대전의 시대

12

- **1607년**
  영국, 북아메리카에 제임스타운 건설
- **1620년**
  〈메이플라워 서약〉 작성
- **1773년**
  보스턴 티 파티 사건
- **1776년**
  〈독립 선언서〉 발표
- **1787년**
  연방 헌법 제정
- **1803년**
  루이지애나를 사들임
- **1852년**
  비처, 《톰 아저씨의 오두막》 출간
- **1861년**
  남북 전쟁이 일어남
- **1886년**
  헤이마켓 사건
- **1898년**
  미국-스페인 전쟁
- **1903년**
  프로 야구 월드시리즈 시작
- **1917년**
  세계 대전 참전

- **1920년**
  최초의 라디오 상업 방송 시작
- **1929년**
  대공황 시작
- **1947년**
  마셜 플랜 시행
- **1963년**
  워싱턴 행진
- **2001년**
  9.11 테러

20세기 전반기에는 인류 역사상 가장 끔찍한 전쟁이 두 차례나 일어났단다. 첫 번째 전쟁에서는 1000만 명 가까운 사람이 죽었고, 두 번째 전쟁에서는 5000만 이상이 목숨을 잃었지. 이렇게 많은 사람들이 죽은 건 전쟁이 격렬하게 오래 계속되었기 때문이야. 거기에다 많은 사람을 손쉽게 죽일 수 있는 새로운 무기도 등장했고.

게다가 많은 나라가 전쟁에 휘말려 들어갔어. 유럽의 여러 나라들이 식민지를 둘러싸고 경쟁을 벌이다 일어난 전쟁이라서 그래. 여러 나라가 군사 동맹을 맺으면서 싸웠고, 식민지 사람들까지 전쟁에 끌어들이다 보니 전쟁이 커진 거야.

이렇게 끔찍한 전쟁을 거치면서 세상은 많이 변했어. 어떻게 하면 평화를 가져올 수 있는지 고민하게 되었지. 하지만 가장 큰 변화는 미국이라는 나라가 떠오른 거야. 두 차례의 전쟁을 거치면서 미국은 영국과 독일을 제치고 초강대국이 되어 세계 정치를 좌지우지하게 되었단다.

전쟁과 불안정한 평화

독일, 오스트리아, 오스만 제국이 한편이 되고, 영국, 프랑스, 러시아가 또 다른 한편이 되어 전쟁을 벌인 건 1914년 여름이야. 당시 사람들은 전쟁이 얼마 안 가 끝날 거라고 생각했어. 하지만 전쟁은 4년 넘게 이어졌고, 점점 더 많은 나라가 참가했으며, 따라서 피해도 엄청났단다. 그래서 사람들은 이 전쟁을 '대전'이라고 부르게 되었지.

이런 '대전'이 일어난 건 유럽 나라들의 제국주의 경쟁 때문이야. 자본주의가 먼저 발전한 영국과 프랑스, 뒤늦게 통일 국가를 이룬 독일과 이탈리아 등이 서로 해외 식민지를 차지하겠다고 싸웠거든. 특히 아프리카를 둘러싸고 싸웠어. 이들은 유럽 안에서도 경쟁을 벌이고 있었는데 특히 발칸 반도가 그런 곳이었지. 여기서는 주로 오스트리아와 러시아가 힘을 겨루고 있었단다. 이렇게 다투면서 유럽의 여러 나라들은 이해관계에 따라 서로 손을 잡고 군사 동맹을 맺었어. 이런 상황이었으니 오스트리

大戰
큰 대 싸울 전

帝國主義
임금 제 나라 국
주인 주 옳을 의

군사력과 경제력으로 다른 나라나 민족을 침략하고 지배하려는 경향.

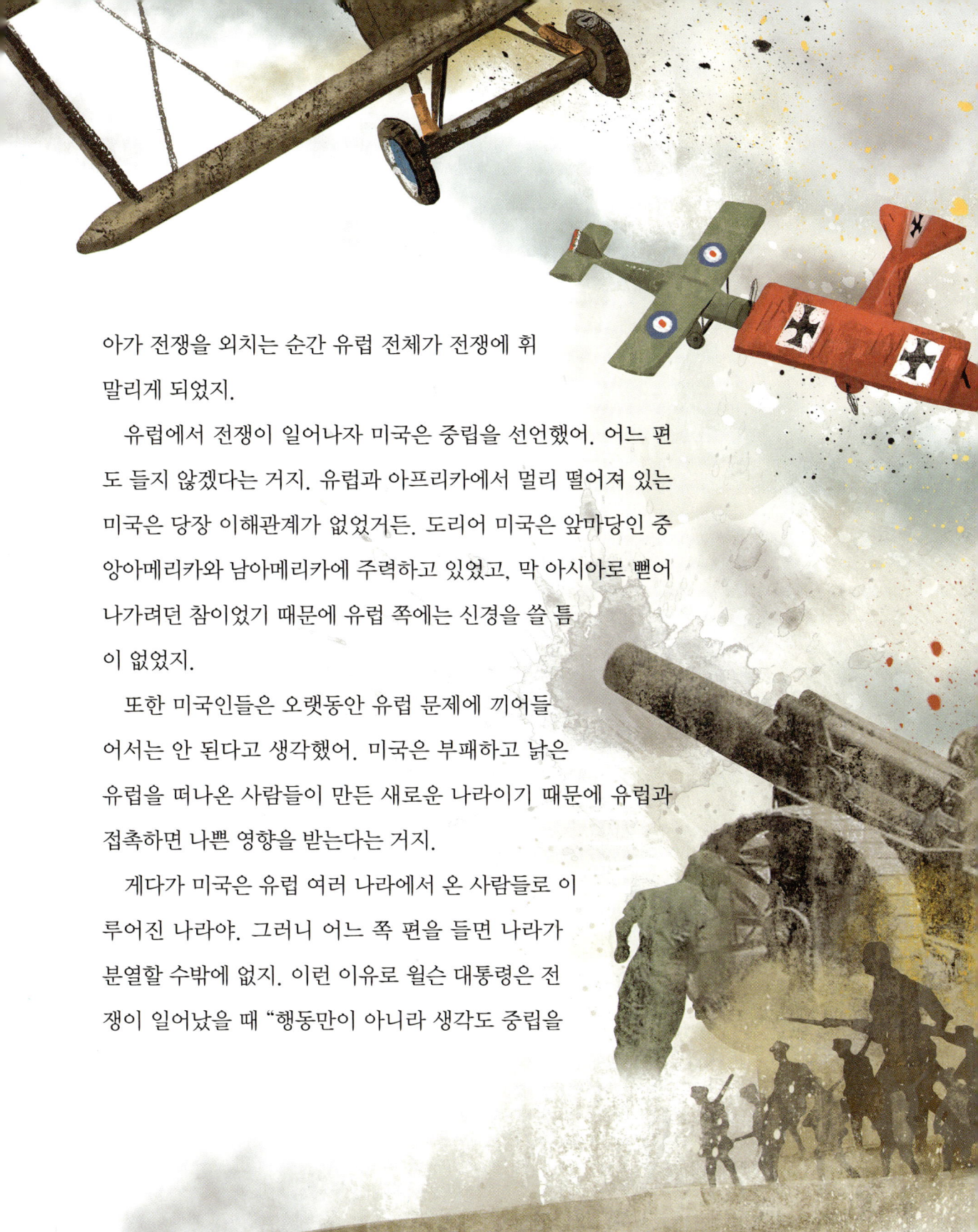

아가 전쟁을 외치는 순간 유럽 전체가 전쟁에 휘말리게 되었지.

유럽에서 전쟁이 일어나자 미국은 중립을 선언했어. 어느 편도 들지 않겠다는 거지. 유럽과 아프리카에서 멀리 떨어져 있는 미국은 당장 이해관계가 없었거든. 도리어 미국은 앞마당인 중앙아메리카와 남아메리카에 주력하고 있었고, 막 아시아로 뻗어 나가려던 참이었기 때문에 유럽 쪽에는 신경을 쓸 틈이 없었지.

또한 미국인들은 오랫동안 유럽 문제에 끼어들어서는 안 된다고 생각했어. 미국은 부패하고 낡은 유럽을 떠나온 사람들이 만든 새로운 나라이기 때문에 유럽과 접촉하면 나쁜 영향을 받는다는 거지.

게다가 미국은 유럽 여러 나라에서 온 사람들로 이루어진 나라야. 그러니 어느 쪽 편을 들면 나라가 분열할 수밖에 없지. 이런 이유로 윌슨 대통령은 전쟁이 일어났을 때 "행동만이 아니라 생각도 중립을 지켜 달라"고 호소했단다.

그러던 중 1915년, 영국의 배가 독일의 공격으로 가라앉으면서 배에 타고 있던 미국인 승객 128명이 목숨을 잃었단다. 이 일로 미국에서도 전쟁 참가의 목소리가 높아졌지.

사실 미국은 진짜로 중립을 지킬 수가 없었단다. 경제적인 이유 때문이었어. 영국과 프랑스 같은 나라는 미국의 주요한 교역국이었거든. 그러니 중립을 지키기 위해 장사를 안 할 수 없었던 거지.

결국 1917년 4월, 미국은 전쟁에 뛰어든단다. 미국이 전쟁에 뛰어들면서 전세가 바뀌기 시작했어. 당장 효과가 나타난 것은 바다에서의 싸움이었단다. 미국의 전함이 대서양에서 상선을 호위했고, 구축함은 독일 잠수함을 공격했어. 이 덕분에 눈에 띄는 모든 배를 무차별로 공격한다는 독일의 무제한 잠수함 작전은 효력을 잃게 되었지.

중립을 지키기 어려워진 미국
영국이 독일을 가리키며 공격하자고 미국을 부추기는 모습을 표현한 그림이야.

이어 미국은 지상군도 보냈고, 1918년 6월 프랑스군과 함께 샤토 티에리에서 독일군의 공격을 물리치는 데 성공했어. 얼마 후에는 랭스에서도 공격을 막아 냈지.

독일이 모든 힘을 짜서 전쟁에서 이기려

고 벼르던 전투들이었지. 미군이 등장하면서 독일의 이런 시도는 꺾였단다. 여름 이후 독일군은 제대로 공격을 하지 못했어. 도리어 10월이 되자 미군을 비롯한 연합군이 독일군을 독일 국경 안으로 몰아버렸지. 게다가 독일도 오랜 전쟁으로 지쳐 있었어. 남은 길은 휴전을 하는 것밖에 없었지. 결국 1918년 11월 11일, 독일의 항복으로 세계 대전이 끝났단다.

전쟁이 끝나자 사람들은 깨지지 않는 평화 체제가 만들어지기를 바랐어. 윌슨 대통령은 이를 위해 '국제 연맹'을 만들자고 제안했단다. 국제 연맹은 국제적 갈등을 전쟁이 아니라 대화로 해결하기 위한 국제 평화 기구야.

윌슨의 제안에 따라 국제 연맹이 만들어지긴 했는데, 정작 미국 의회는 미국이 참가하는 걸 반대했어. 미국 의회는 여전히 미

독일을 공격하는 미군
프랑스의 샤토 티에리에서 벌어진 전투를 담은 그림이야. 이 전투를 포함해서 미군이 몇 번의 승리를 거둔 덕에 연합군이 이길 수 있었어.

국제 연맹의 활동
국제 연맹은 스위스에 본부를 두고 순조롭게 활동을 시작했어. 하지만 1930년대가 되자 세계 곳곳에서 침략과 분쟁이 벌어지고 국제 연맹은 약화되어 힘을 발휘할 수 없었단다.

국이 유럽 문제에 관여하는 걸 바라지 않았던 거지. 덕분에 우스운 꼴이 연출되었어. 미국이 만들자고 해서 만들었는데, 미국은 참가하지 않는 국제 연맹이 만들어진 거지.

전쟁에서 이긴 승전국인 영국과 프랑스는 독일에 모든 책임을 지웠어. 그 결과 독일은 막대한 배상금을 물어야 할 처지에 놓였지. 독일 사람들은 억울하다고 생각했단다. 이 억울함은 훗날 또 다른 전쟁을 낳는 원인이 되었어.

이렇게 전쟁이 끝나고 평화가 오긴 했지만 불안한 평화였단다. 전쟁의 원인을 하나도 없애지 못했기 때문이지. 식민지를 둘러싼 경쟁이 여전했거든. 게다가 새로운 강자로 떠오른 미국이 새로운 질서를 만들어야 하는데, 그렇게 하지도 않았고 말이야. 결국은 더 큰 전쟁이 일어나고야 만단다.

2차 세계 대전과 미국의 세기

1939년 9월, 독일이 폴란드를 침공하면서 다시 전쟁이 시작되었어. 아시아에서는 이미 1937년에 일본이 중국을 침략했단다. 1941년 12월에는 일본 함대가 하와이에 있는 진주만 기지를 기습 공격했어. 유럽에서는 프랑스를 점령한 독일이 동쪽으로 군대를 돌려 소련을 침공했지. 지난번보다 더 큰 세계 전쟁이 일어난 거야.

이번 전쟁에서도 먼저 전쟁을 시작한 독일, 이탈리아, 일본이 유리했어. 유럽에서 이들에게 대항한 연합국은 섬나라인 영국으로 철수해야 했고, 소련만이 힘들게 싸우고 있었어. 아시아에서도 일본은 동남아시아 일대와 필리핀까지 점령한 상태였고, 미국은 오스트레일리아로 철수해야 했단다.

1942년을 지나면서 서서히 상황이 바뀌기 시작했단다. 미국은 1942년 6월 태평양의 미드웨이 해전에서 일본을 물리쳤어. 같은 해 여름에 유럽 동부 전선에서는 소

전쟁을 일으킨 세 나라
독일, 이탈리아, 일본이 전쟁을 일으켜 세계를 지배하려는 모습을 풍자적으로 표현한 그림이야.

련이 스탈린그라드 전투에서 승리를 거두었어. 얼마 후 북아프리카에서도 연합군이 승리를 거두었지.

이후 연합군은 여러 방면에서 공격을 가했어. 북아프리카의 연합군은 지중해를 건너 이탈리아로 들어갔어. 소련군은 독일을 향해 진격했고, 영국에 있는 연합군은 1944년 6월 프랑스의 노르망디 해안에 상륙했어. 태평양에서 미군은 일본을 향해 북쪽으로 진격했지.

그래도 독일과 일본의 저항이 강해서 쉽게 전쟁이 끝나진 않았어. 결국 유럽에서는 1945년 5월에, 아시아에서는 8월에 전쟁

노르망디 상륙 작전
영국과 미국의 연합군이 프랑스 노르망디에 상륙하는 모습이야. 독일을 둘러싸서 공격하는 작전을 위해 비교적 방어가 허술한 노르망디 해안을 공격한 거란다. 덕분에 연합군이 승리할 수 있는 발판이 마련되었어.

이 끝났단다. 1차 세계 대전보다 훨씬 많은 사상자를 남긴 채 말이야. 게다가 일본의 히로시마와 나가사키에는 인류 최초의 원자 폭탄이 떨어지기도 했지.

전쟁이 연합국의 승리로 끝난 것은 미국이 있었기 때문이야.

❖ 전쟁과 신무기 ❖

전쟁에서 이기기 위해 모든 나라는 새로운 무기를 개발하려고 해. 1차 세계 대전과 2차 세계 대전 때도 마찬가지였어. 1차 세계 대전 때는 비행기, 잠수함, 탱크, 독가스 등이 실전에 쓰였어. 특히 사람들에게 큰 피해를 입힌 게 잠수함과 독가스였단다.

2차 세계 대전 때는 비행기가 크게 발전했어. 먼 곳까지 날아가 폭탄을 떨어뜨릴 수 있는 폭격기가 많이 쓰였어. 히로시마와 나가사키에 원자 폭탄을 떨어뜨린 것도 B-29라는 대형 폭격기야. 반대로 이를 막기 위한 레이더도 등장했어. 실전에 많이 쓰이지는 못했지만 로켓도 만들어졌단다.

일본에 수많은 폭탄을 떨어뜨리는 폭격기 B-29

무엇보다 미국은 '민주주의의 병기창'으로서 전쟁에 필요한 엄청난 물자를 생산해 연합국에 주었단다. 이건 당연하게도 당시 미국이 가장 큰 공업 생산국이었기 때문이지. 또한 미국은 1차 세계 대전 때보다 훨씬 많은 군대를 전선에 투입했고, 그에 따른 희생도 많았단다.

그러니 전쟁이 끝나고 난 후 세계 질서는 가장 큰 힘을 가진 미국을 중심으로 돌아가게 되었어. 미국은 '브레턴우즈 체제'를 만들어 전 세계가 무역을 자유롭게 하도록 만들었어. 이에 대해서는 뒤에서 한 번 더 짚어 볼 테지만, 요컨대 미국은 이 체제로 모두가 번영을 누리고, 평화를 유지할 수 있다고 본 거지. 이렇게 미국의 세기가 열렸단다.

핵무기 없는 세상을 향하여

일본 히로시마에 가면 '원폭 돔'이라 불리는 건물이 있어. 1945년 8월 6일 히로시마에 원자 폭탄이 떨어졌을 때 반쯤 파괴된 건물인데, 그대로 놔둔 거야. 원자 폭탄을 비롯한 핵무기가 얼마나 끔찍한 것인지를 보여주기 위해서야. 1996년에는 유네스코 세계문화유산으로 지정되었단다.

2차 세계 대전 때 독일과 미국은 원자 폭탄을 만들기 위해 노력했어. 핵반응을 통해 나오는 에너지를 폭탄으로 만든 원자 폭탄은 그때까지 인류가 보지 못한 무시무시한 것이었어. 독일과 미국 모두 전쟁을 승리로 이끌기 위해 이 무기를 만들고자 했지. 독일은 원자 폭탄을 만들지 못한 채 항복했지만, 미국은 1945년 7월, 이 원자 폭탄을 만드는 데 성공했어. 그리고 뉴멕시코 주에 있는 사막에서 폭발 실험을 했단다. 그 결과는 엄청난 것이었어.

해리 트루먼 대통령은 끈질기게 저항하는 일본의 항복을 받아내기 위해 원자 폭탄을 사용하기로 했어. 결국 1945년 8월 6일, 미국 폭격기가 히로시마에 원자 폭탄을 떨어뜨렸어. 이 폭발로 8만 명 이상이 죽고, 그보다 더 많은 사람들이 고통을 당했어.

3일 후에는 나가사키에 또 원자 폭탄을 떨어뜨렸어. 이번에는 10만 명 이상이 희생되었단다. 원자 폭탄의 후유증은 끔찍했고, 아주 오랫동안 영향을 끼쳤단다. 그때 이후 원자 폭탄을 비롯한 핵무기를 반대하는 운동이 시작되었어.

하지만 얼마 후, 소련이 핵무기를 만들었고, 그 이후 훨씬 더 많은 나라들이 핵무기를 가지게 되었단다. 물론 핵무기를 반대하는 국제적인 운동도 커졌어. 히로시마에 있는 원폭 돔은 핵무기 없는 세상을 바라는 모든 사람의 상징이 되었단다.

히로시마 원폭 돔

| 자동차로 붐비는 1920년대의 디트로이트

꽃피우는 대중문화와 거품 경제

13

- **1607년**
  영국, 북아메리카에 제임스타운 건설
- **1620년**
  〈메이플라워 서약〉 작성
- **1773년**
  보스턴 티 파티 사건
- **1776년**
  〈독립 선언서〉 발표
- **1787년**
  연방 헌법 제정
- **1803년**
  루이지애나를 사들임
- **1852년**
  비처, 《톰 아저씨의 오두막》 출간
- **1861년**
  남북 전쟁이 일어남
- **1886년**
  헤이마켓 사건
- **1898년**
  미국-스페인 전쟁
- **1903년**
  프로 야구 월드시리즈 시작
- **1917년**
  세계 대전 참전
- **1920년**
  최초의 라디오 상업 방송 시작

- **1929년**
  대공황 시작
- **1947년**
  마셜 플랜 시행
- **1963년**
  워싱턴 행진
- **2001년**
  9.11 테러

영화 좋아하니? 야구나 축구 같은 스포츠는? 보통 가요라 불리는 대중음악도 좋아할 거고. 오늘날 우리는 영화, 스포츠, 음악을 쉽게 접할 수 있어. 이렇게 여러 사람이 즐기는 것을 대중문화라고 해. 오늘날과 같은 대중문화가 나타난 게 1920년대의 미국이야. 많은 사람들이 영화관에 가고, 야구장에 갔단다. 그리고 라디오를 통해, 아니면 레코드를 통해 새로운 대중음악인 재즈를 들었어.

　대중문화가 발전한 건 새로운 기술이 등장했기 때문이지. 라디오나 레코드 같은 기술 말이야. 하지만 그만큼 중요했던 건 이런 대중문화가 돈을 벌 수 있는 사업이라는 거야. 더 많이 만들어서 더 많은 사람들에게 팔 수 있는 게 대중문화거든. 그래서 상업 문화라고도 해. 바야흐로 대중의 시대가 시작되었단다.

자동차의 대량 생산

현대인의 삶을 가장 크게 바꾼 발명품은? 답은 아마 자동차일 거야. 20세기에 수많은 발명품이 등장해서 사람들의 삶에 큰 영향을 미쳤지만 자동차만큼 영향을 준 건 없다는 거지.

하지만 자동차가 처음 나왔을 때는 그저 값비싼 '부자들의 장난감'이었어. 한 대에 2000~3000달러씩 했거든. 당시 노동자들이 1년에 버는 돈이 평균적으로 1000달러 정도였으니 아무나 살 수 있는 물건이 아니었지. 이런 자동차를 말 그대로 보통 사람들이 살 수 있게 만든 사람이 헨리 포드야.

농부의 아들로 태어난 포드는 어릴 적부터 기계 만지는 걸 좋아했다고 해. 그런 포드의 꿈은 누구나 탈 수 있는 값싸고 튼튼한 자동차였지. 20대 중반에 접어든 1890년, 포드는 디트로이트에 있는 에디슨 전기 회사에서 기사로 일하면서 밤마다 새로운 자동차를 만드는 일을 했단다.

본격적으로 자동차를 만들고 싶었던 포드는 1903년에 포드 자동차 회사를 세우고 첫번째 자동차로 'A형 포드'를 만들어 판매했어. 다른 회사보다 낮은 가격의 포드 자동차는 사람들의 인기를 끌었단다. 이후에도 포드는 어떻게 하면 더 값싼 자동차를 만들 수 있을까 고민했어. 이를 위해 공장에 컨베이어 벨트를 도입했지. 일하는 사람은 제자리에 있고, 컨베이어 벨트 위를 생산품이 옮겨 다니는 방식이야. 노동자는 한 가지 작업만 하기 때문에 효율이 높아지고, 제자리에 있기 때문에 시간도 아낄 수 있단다. 이런 방식으로 포드는 T형 포드 자동차를 만들었을 때, 그 가격을 300달러까지 낮출 수 있었단다.

하지만 하루 8시간 이상 컨베이어 벨트에서 일하는 건 쉬운 일이 아니야. 오늘날에는 그나마 익숙한 일이 되었지만 처음 컨베이어 벨트가 나왔을 때 노동자들이 적응하지 못했어. 그래서 포드 공장에서 일을 그만두는 사람이 많았단다. 결근하는 사람도 적지 않았고. 그래서 포드는 노동자들에게 하루 5달러를 준

포드 자동차 공장
포드 자동차를 만들어 내는 공장의 모습이야.

꽃피우는 대중문화와 거품 경제 | 157

포드 자동차를 타고 드라이브를 나가는 가족

다고 제안했어. 당시 하루 임금이 보통 2.5달러였으니 두 배를 준다고 한 거지.

그러자 공장이 잘 돌아갔단다. 게다가 노동자들의 임금을 올려 주면 소비도 늘어나게 돼. 자본주의 기업이 물건을 많이 만드는 건 많이 팔기 위해서야. 그런데 물건을 살 사람들이 돈이 없으면 곤란하겠지? 포드 회사 노동자들은 높은 임금을 받아 많은 물건을 살 수 있게 되었지. 물론 거기에는 자신이 만든 자동차도 포함되어 있단다.

이렇게 대량 소비 시대가 시작되었어. 1920년대가 되면 미국 땅에 굴러다니는 자동차가 2300만 대나 되었단다. 한 집 건너 한 대씩 자동차가 생긴 셈이지.

자동차 산업이 발전하자 철강, 유리, 고무 등 연관 산업도 발전했어. 도로를 만드는 건설업도 번창했고, 주유소, 식당, 모텔 등 새로운 산업도 등장했지.

대량 소비와 대중문화

자동차만 많이 팔린 건 아니야. 새로 등장한 가전제품도 한몫했어. 중산층 이상의 사람들은 냉장고, 식기세척기, 진공청소기 같은 물건으로 집을 채웠어. 이런 물건들은 생활을 편하게 해 주는 것이지만, 그것 때문에만 팔린 건 아니야. 과시욕도 중요한 거였어. 이런 물건을 산다는 것, 가지고 있다는 게 사회적 지위를 드러낸다는 거지.

그래서 함께 많이 팔린 게 남자들의 손목시계야. 여자들은 화장품을 많이 샀고, 유행이 되는 옷도 열심히 사들였지. 이런 걸 소비주의 혹은 소비 사회라고 해.

이런 소비주의를 부추긴 게 광고야. 오늘날에야 광고가 당연한 일이고, 너무 많아 짜증날 정도이긴 하지만 광고의 시대가 열

가전제품 광고
냉장고의 편리함을 알리는 광고야. 물건들이 대량으로 만들어지고 사람들에게 널리 알리게 되면서 광고 산업도 발전하게 되었지.

린 게 바로 이때야. 광고 회사들이 마구 생겨났어. 광고는 제품의 기능만을 설명하는 게 아니라 새로운 생활 방식을 선전했어. 세련되고 멋진 광고를 보고 사람들이 따라하고 싶게 만든 거지.

이런 광고들은 새로운 매체에 실렸어. 이미 있던 신문뿐만 아니라 《콜리어스》나 《레이디스 홈 저널》 같은 잡지들에 실린 광고를 보고 전국의 독자들이 자극을 받았지. 1920년에는 라디오까지 등장해서 2년 후에는 500개가 넘는 상업 방송국이 생겨났어. 방송을 듣기 위해 사람들이 라디오를 사기 시작해서 1920년대 말이 되면 1000만 가구 이상이 라디오를 가지게 되었지. 여기에도 광고가 들어갔으리라는 건 짐작했겠지?

소비주의는 여가 생활에서도 나타났어. 우선 영화가 사람들의 주된 오락이 되었단다. 1920년대 초반은 소리가 나지 않는 무성 흑백 영화 시대였어. 그럼에도 사람들은 일주일에 4000만 명씩이나 극장을 찾았단다. 1927년에야 최초의 유성 영화인 〈재즈 싱어〉가 상영되었고, 얼마 후에는 컬러 영화도 등장했지. 그러면서 더 많은

최초의 유성 영화 〈재즈 싱어〉

사람들이 영화를 보게 되었단다.

　사람들은 스포츠에도 열광했어. 보통 스포츠를 각본 없는 드라마라고 하는데, 그만큼 예측하기 어려워 흥미진진한 점에 열광한 거지. 대표적인 게 프로 야구였어. 이미 20세기 초반에 메이저 리그는 새로운 스타가 등장하면서 더욱 인기를 끌었단다. 바로 베이브 루스라는 인물이야. 뉴욕 양키스의 외야수였던 베이브 루스는 '야구의 꽃'이라고 하는 홈런을 많이 쳐서 팬들의 사랑을 한 몸에 받았지.

✦ 미국의 인기 스포츠 ✦

　야구는 미국에서 가장 인기 있는 스포츠야. 여기서 흔히 말하는 메이저 리그는 프로 야구 경기를 말해. 내셔널 리그와 아메리칸 리그로 나뉘어 있고, 모두 30개 팀이 있어. 한 시즌에 팀당 162경기를 한단다. 메이저 리그 경기를 관람하는 사람만 해도 1년에 7000만 명이 넘을 정도로 인기지.

　미국에서 프로 야구가 처음 생긴 건 1869년이야. 남북 전쟁이 끝나고 난 얼마 뒤였지. 처음에는 내셔널 리그만 있었어. 아메리칸 리그가 생긴 건 1901년이야. 양대 리그의 우승팀이 붙어서 최종 승자를 가리는 월드시리즈는 1903년에 처음 시작되었단다. 한 가지 알아둘 것은 월드시리즈라는 이름이 후원사였던 〈뉴욕 월드〉라는 신문 이름에서 나왔다는 점이야.

보스턴 레드삭스 팀에서의 베이브 루스
미국이 가장 사랑하는 프로 야구 선수인 베이브 루스의 본명은 조지 허먼 루스 주니어야. '아기'라는 뜻의 베이브는 사람들이 그에게 붙여 준 애칭이란다. 오른쪽에서 두 번째 사람이 베이브 루스야.

대중음악도 이 시기에 탄생했어. 바로 '재즈'야. 원래 재즈는 흑인 노예들의 전통에 뿌리를 두고 다양한 요소가 섞여서 만들어진 음악이야. 20세기에 들어와서는 뉴올리언스에서 주로 연주되었고, 샌프란시스코와 로스앤젤레스 같은 서부와 시카고 같은 북부까지 널리 퍼지기 시작했단다. 가수를 직접 보러 가지 않아도 음악을 들을 수 있는 레코드가 보급되면서 더욱 널리 값싸게 퍼지게 되었지.

1920년대 들어 사람들이 재즈를 많이 듣기 시작한 건 금주법 때문이라고 해. 나라에서 술을 못 마시게 하니까 다른 데서 자극을 찾았는데, 그게 재즈라는 거지. 재즈를 들어 보면 알겠지만 자유분방하면서도 어딘가 묘하게 매력적인 데가 있거든. 이때

루이 암스트롱의 공연 장면
루이 암스트롱은 트럼펫 연주자로 재즈를 시작했어. 세계 곳곳에서 공연을 펼치기도 했는데 1963년에는 서울을 방문해 공연하기도 했단다. 앞에 무릎을 꿇고 연주하는 사람이 루이 암스트롱이야.

유명해진 재즈 가수가 루이 암스트롱이야. 지금도 많은 사람들이 즐겨 듣는 루이 암스트롱의 목소리는 가슴 깊은 곳을 울리는 느낌이란다.

이렇게 재즈가 대중음악으로 유행하면서 1920년대를 아예 '재즈의 시대'라고 해. 이건 재즈 음악의 유행만 가리키는 게 아니라 새로운 대중문화의 시대가 왔다는 걸 말하는 거야.

거품으로 돌아가는 경제

사람들이 여러 가지 소비품을 사고, 여가에 돈을 쓸 수 있었던 건 경제가 잘 돌아갔기 때문이야. 전쟁이 끝난 후에는 어려움을 겪었지만 1922년부터 경제가 살아났거든. 컨베이어 벨트 같은 생산 방식에 힘입어 1920년대에 산업 생산은 두 배나 늘어났어. 국민 총생산은 40퍼센트나 늘어났고.

하지만 모두가 경제 성장의 혜택을 누린 건 아니었어. 가장 큰 문제는 소득이 골고루 분배되지 않았다는 거야. 포드 자동차 회사 같은 곳은 높은 임금을 주는 편이었지만 모든 회사가 그런 건 아니었거든. 그 결과, 1929년을 보자면 미국 가정의 절반 이상이 최저 생계 수준이나 그 이하로 살았어. 그러다 보니 많이 만들어진 물건을 제대로 소비할 수가 없었지.

당시 인구의 40퍼센트 가까이 되었던 농민들의 삶도 어려웠어. 대부분 작은 규모로 농사를 짓는 농민들은 농산물 가격이 갈수록 낮아져서 힘들었단다. 그래도 농기계나 비료 등을 비싼 값에 사야 했어. 그러다 보니 빚을 많이 지게 되었지.

그런데도 겉으로 보기에 경제가 잘 돌아간 건 부동산 투기와 주식 투기 때문이야. 앞에서 살펴본 대로 소비가 엄청나게 늘고, 경제 활동이 활발했기 때문에 부동산 가격과 주식 가격이 올라갔거든. 사람들은 빚을 내서라도 부동산과 주식을 잔뜩 사들였어. 이런 흐름이 계속될 거라 믿고 나중에 더 높은 값에 팔려고 한 거야. 이런 식으로 투기가 영향을 끼쳐서 일시적으로 경기가 좋아지는 상황을 가리켜 '거품'이라고 표현한단다. 겉으로 보기엔 부피가 커 보이지만 속이 텅 비어 있기 때문이야. 당시 미국은 풍성한 소비 사회를 이루었지만 거품이 있었던 거지.

하지만 빚으로 돌아가는 경제의 거품은 꺼지게 마련이란다. 신호가 여기저기서 나왔어. 1926년부터 건설 경기가 나빠지기 시작했어. 얼마 후 자동차 판매도 줄기 시작했지. 농민들 가운데 빚을 갚지 못하는 사람이 나오기 시작하고, 은행도 어려워졌지. 그러자 연방 준비 제도 이사회가 1929년 여름에 이자율을 올렸어. 빚을 내서 투기하는 걸 막아 보자는 거였지. 비로소 사람들이 정신을 차리고 빚을 갚기 위해 주식을 마구 팔았지만 살 사람이 아무도 없었어. 주식은 말 그대로 휴지 조각이 되었단다.

거품 경제의 시대, 이른바 '광란의 20년대'는 이렇게 저물어 갔어.

| 일자리를 구하기 위해 모여든 사람들

무너지는 경제,
뉴딜로 세우다 14

- **1607년**
  영국, 북아메리카에 제임스타운 건설
- **1620년**
  〈메이플라워 서약〉 작성
- **1773년**
  보스턴 티 파티 사건
- **1776년**
  〈독립 선언서〉 발표
- **1787년**
  연방 헌법 제정
- **1803년**
  루이지애나를 사들임
- **1852년**
  비처, 《톰 아저씨의 오두막》 출간
- **1861년**
  남북 전쟁이 일어남
- **1886년**
  헤이마켓 사건
- **1898년**
  미국-스페인 전쟁
- **1903년**
  프로 야구 월드시리즈 시작
- **1917년**
  세계 대전 참전
- **1920년**
  최초의 라디오 상업 방송 시작
- **1929년**
  대공황 시작

- **1947년**
  마셜 플랜 시행
- **1963년**
  워싱턴 행진
- **2001년**
  9.11 테러

1929년 10월 24일 목요일, 뉴욕 주식 시장에 큰 난리가 났어. 너도나도 주식을 팔겠다고 나섰거든. 주가가 곤두박질친 건 당연한 일이었지. 이날 하루에만 1300만 주가 팔렸다고 해. 이렇게 주식 시장이 망가진 이날을 '암흑의 목요일'이라고 한단다.

이건 시작에 불과했어. 그 다음 주 화요일인 10월 29일에는 더 많은 주식이 쏟아졌어. 무려 1억 6000만 주 이상이 팔렸단다. 사람들은 두려움에 휩싸였어. 주식 시장은 주가가 더 떨어지기 전에 팔려는 사람으로 넘쳐났지. 하지만 더 이상 사려는 사람이 없었기 때문에 주식 시장은 없는 거나 마찬가지였단다.

주식 시장이 무너지면서 경제 전체가 서서히 흔들리기 시작했지. 이른바 '대공황'이 시작된 거야.

大恐慌
클 대 두려울 공
어리둥절할 황

대공황이 터지다

자본주의 시장 경제가 돌아가기 위해서는 돈이 돌아야 해. 그런데 주식 시장이 무너지면서 돈줄이 막히기 시작했어. 빚을 내서 주식을 샀던 사람들이 돈을 갚지 못했어. 돈을 빌려준 은행이 어려워지는 건 당연한 일이었지. 1929년 10월 이후 1년 사이에 1300개의 은행이 문을 닫았단다. 그 수는 9000개까지 늘어났어.

은행이 망하니까 애써 모은 돈을 예금했던 사람들도 돈을 날렸어. 기업들도 돈을 빌릴 수 없어서 힘들어졌지. 게다가 물건을 만들어도 살 사람이 없으니 더 힘들어졌고. 수많은 기업이 문을 닫았어. 기업이 문을 닫으면서 일자리를 잃은 사람들이 쏟아져

일자리를 구하러 나선 사람들
대공황 이후 일자리를 잃은 사람들은 일거리를 찾기 위해 애썼지만 쉽지가 않았단다. 실업률은 끝없이 올라가고 길거리에 나앉는 사람들이 늘어났어.

나왔지.

대공황이 일어난 지 3년 만에 국민 총생산이 25퍼센트나 줄어들었어. 실업률도 25퍼센트나 되어 일자리를 잃은 사람이 1600만 명까지 늘어나기도 했어. 일자리가 있는 사람들도 임금이 떨어져서 어렵게 살아야 했지.

농민들도 어렵긴 마찬가지였어. 애써 키운 곡물과 가축이 팔리지 않았단다. 소득이 몇 년 만에 60퍼센트나 떨어졌어. 빚을 갚지 못해 자기 땅을 잃은 농민도 3분의 1이나 되었단다. 엎친 데 덮친 격으로 큰 가뭄이 들어 대평원은 그야말로 사막이 되었고 말이야.

대공황은 미국에서만 일어난 게 아니었어. 미국을 시작으로 곧 전 세계로 번져 나갔지. 당시 유럽은 1차 세계 대전 때문에 미국에 빚을 많이 지고 있었어. 여기에 더해 미국 은행들은 유럽에 투자도 많이 하고 있었지. 하지만 미국 경제가 어려워지자 돈을 더 이상 빌려주지 않았고, 빌려준 돈마저 다시 가져가기 시작했단다.

그러자 유럽이 어려워졌어. 유럽이 어려워지면서 유럽의 나라들이 수입했던 미국 상품이 팔리지 않았지. 이게 다시 미국 경제를 어렵게 했고, 미국이 만드는 물건들의 원자재를 수출하던 남반구의 나라들도 덩달아 어려워졌지. 이런 걸 악순환이라고 한단다.

지금 같으면 경제가 어려울 때 정부가 나서서 뭔가를 하는 게 당연하다고 생각해. 하지만 당시 후버 대통령은 별다른 일을 하지 않았어. 정부가 나서서 간섭하면 미국의 중요한 가치인 자유와 권리를 해친다고 본 거야. 그러면서 "곧 경기가 좋아질 것"이라는 말만 되풀이했단다.

그렇지만 시간이 지나면서 그대로 있어서는 안 된다는 압력이 커졌어. 후버는 일자리를 만들기 위해 주 정부에 돈을 빌려주기 시작했어. 은행이나 기업에 돈을 빌려주는 재건 금융 공사를 만들었고, 돈을 갚지 못해 집을 잃어버릴 위기에 처한 사람들

에게 다시 돈을 빌려주는 조치를 취하기도 했단다. 하지만 여전히 경제는 어려웠어. 아니 더 힘들어지고 있었지.

그러는 사이에 1932년 대통령 선거가 다가왔어. 공화당에서는 현직 대통령인 후버를 내세웠고, 민주당에서는 프랭클린 루스벨트가 나섰지. 사실 결과는 뻔한 거였어. 루스벨트가 큰 차이로 대통령이 되었단다.

실업자의 판자촌 '후버빌'
일자리와 집을 잃은 사람들은 바깥쪽으로 밀려나 판자로 집을 짓고 살았어. 이런 판자촌을 '후버빌'이라고 불렀는데 당시의 무능력한 대통령인 허버트 후버의 이름을 따서 붙인 이름이란다. 덮고 자는 신문지도 후버 담요라고 할 정도였지.

분노한 농민들

대공황 시기, 농민들의 어려움을 그린 《분노의 포도》라는 소설이 있단다. 영화로도 만들어졌기 때문에 더 유명하지. 존 스타인벡이라는 작가가 1939년에 발표한 소설이야.

이 소설의 주인공은 중서부 오클라호마 주에 사는 가난한 소작인 조드 일가야. 이들은 가뭄과 경제적 어려움을 겪었고, 결국 은행 빚을 갚지 못해 집을 빼앗겨. 집을 빼앗긴 이들은 살길을 찾아 캘리포니아로 떠난단다. 하지만 그곳 사정도 별로 좋지 않았고, 조드 일가는 계속된 어려움과 우여곡절을 겪어.

이 소설은 오늘날까지 많이 읽히고 있어. 대공황 시기에 수많은 미국인들이 겪었던 어려움을 생생하게 전하고 있기 때문이지. 훗날 존 스타인벡은 1962년에 노벨 문학상을 받았단다.

뉴딜, 판을 새로 깔다

대통령이 된 루스벨트는 가장 먼저 '뉴딜'이라는 구호를 내세웠어. 뉴딜은 원래 포커 게임에서 카드를 다시 나누어 새로운 판을 시작한다는 의미야. 루스벨트가 이 말을 쓴 건 이제 새로운 마음으로 새로 시작하자는 거였어. 그러면서 대공황을 비상사태라고 보고 대통령과 행정부가 할 수 있는 모든 일을 하겠다고 다짐했지.

우선 경제를 정상적으로 되돌리기 위해서 은행을 살려야 했어. 이를 위해 루스벨트는 의회를 통해 '긴급 은행법'을 만들었어. 이 법에 따라 모든 은행을 조사한 후 튼튼한 은행만 문을 다시 열게 해 주었어. 이렇게 해서 4분의 3 정도의 은행이 영업을 다시 시작할 수 있게 되었지.

그 다음으로 농업에 손을 댔어. 농민들이 어려운 이유는 너무 많이 생산하기 때문이라고 보고, 생산을 제한할 수 있는 조치를 취하려 했지. 그래서 나온 게 '농업 조정법'이야. 주요 농산물의 생산을 줄이는 농민에게 보상금을 주었고, 가축 수를 줄

집무실에 앉아 있는 루스벨트 대통령
"우리가 두려워해야 할 것은 오직 두려움 그 자체이다."라는 말과 함께 루스벨트는 절망에 빠진 미국 사회를 차근차근 일으켜 나가기 시작했단다.

이는 농가에는 보조금을 주었단다. 이로써 농업이 어느 정도 안정될 수 있었지.

팔리지 않는 상품이 남아도는 것은 제조업도 마찬가지였어. 이 문제를 해결하기 위해 전국 산업 부흥법을 통해 '전국 부흥청'을 만들었어. 전국 부흥청은 기업들에게 자발적으로 모여 생산량을 조정하고, 최저 가격을 결정하도록 했어. 이와 더불어 노동자들에게는 노동조합을 만들고 단체 행동을 할 수 있는 권리를 주었단다.

그런데 더 급한 일이 급격하게 늘어난 실업자들을 구제하는 거야. 이를 위해 공공근로라는 게 생겼어. 공공근로란 정부가 일자리를 만들고 임금을 주는 일이야. 우선 실업자들이 일자리를 구할 때까지 급하게 쓸 돈을 마련해 주었어. 다음으로 18세에서

나무를 심는 젊은이들
일자리를 찾지 못했던 젊은이들은 루스벨트의 뉴딜 정책으로 생겨난 공공근로를 통해 일을 할 수 있었어. 뉴딜 정책은 7년 동안 미국의 경제를 바꿔 나갔단다.

25세의 젊은이들을 모아 산이나 들에 나무를 심고, 야영장과 해수욕장 청소, 다리와 댐 등의 건설 작업을 하는 일자리를 만들어 주었단다.

나중에는 여러 기관을 합쳐서 공공사업을 관리하는 새로운 기관을 만들었어. 이 기관은 다양한 일자리를 만들어 냈어. 뉴딜 정책이 흔히 진행한 토목 사업뿐만 아니라 도서관 설치, 음악, 미술, 연극 등의 예술 활동 등 다양한 분야에서 공공사업을 벌였단다. 이를 통해 500만 명 정도에게 일자리를 마련해 줄 수 있었지.

뉴딜 정책이 처음에는 성공하는 듯 보였어. 하지만 경제가 눈에 띄게 나아진 건 아니야. 게다가 뉴딜 정책을 비판하는 사람들의 목소리도 커졌어. 급격한 변화를 반대하는 보수주의자들은 세금이 너무 높고 정부 규제가 크다고 비판했어. 또한 복지 정책이 개인의 자립심을 해친다고도 말했지. 보수주의자들이 보기에 뉴딜 정책은 한마디로 사회주의라는 거였어. 이런 비판이 통했기 때문인지 1935년에 연방 대법원은 전국 산업 부흥법과 농업 조정법 등이 위헌이라고 판결했단다.

이렇게 되자 루스벨트 대통령은 새로운 뉴딜, 즉 제2차 뉴딜이라고 부르는 정책을 내놓았어. 경제가 회복되기 위해서는 소비가 늘어야 했어. 그러려면 사람들이 돈이 있어야 하지. 이를 위해서는 노동자들의 힘이 커져야 해. 힘이 커지면 좀 더 높은

社會主義
모일 사 모일 회
주인 주 옳을 의

독일의 철학자 카를 마르크스의 사상으로 사유 재산을 폐지하고 생산 수단을 사회화하여 평등한 사회를 이루고자 하는 사상이야. 자본주의의 모순을 극복한다는 것이지.

임금을 받을 수 있을 테니까. 그래서 만들어진 게 1935년의 전국 노동 관계법이야. 이 법에 따라 노동자들은 노동조합을 만들 뿐만 아니라, 단체 협상을 하고, 파업을 할 수 있는 권리를 얻을 수 있었지.

소비를 늘리기 위한 또 다른 방법은 정부가 나서서 경제 활동을 일으키는 거야. 도시에서 살아가는 데에 꼭 필요하지만 막대한 돈이 들기 때문에 개인 기업이 할 수 없는 기반 시설 공사가 여기에 알맞았단다. 이때 했던 대표적인 공사가 테네시 계곡 개발이야. 테네시 강에 큰 댐을 지어 일자리도 만들고 홍수 예방과 전력 생산 등도 했어.

테네시 계곡의 노리스 댐
건설 중인 댐(위)과 완성된 댐(아래)의 모습이야. 뉴딜 정책으로 테네시 강에는 30여 개의 댐이 생겨났어. 노리스 댐은 1936년에 가장 먼저 완공되었단다. 같은 해 루스벨트는 한 번 더 대통령에 뽑혔어.

사회 복지도 늘렸어. 실업자들과 노인들은 여전히 힘들게 살았거든. 이를 위해 1935년에 사회 보장법을 만들었어. 이 법에 따라 65세 이상 은퇴자에게는 노령 보험을 주고, 일자리를 잃은 사람들에게는 실업 수당을 줄 수 있게 되었지.

그렇다고 경제가 완전히 회복되지는 못했어. 조금 나아졌다가 1938년이 되면 다시 나빠졌단다. 그런데 이때 대서양 건너편에서 다시 전쟁의 그림자가 드리워졌어. 바로 2차 세계 대전이 벌어졌던 것 기억하지? 모든 나라가 전쟁 준비에 나섰고, 그러자 경제가 살아났어. 아이러니한 일이지. 미국도 유럽 여러 나라에 무기를 팔면서 경제가 좋아졌단다.

이렇게 보면 루스벨트의 뉴딜 정책이 대공황을 끝낸 건 아니야. 대공황을 끝낸 건 전쟁이지. 하지만 뉴딜은 이후 세계 모든 나라의 정부 정책에 영향을 미쳤단다. 한마디로 정부가 경제에 적극적으로 개입해야 한다는 거였지.

대공황의 교훈

2008년 가을, 세계 경제 위기가 터졌을 때 많은 사람들은 1929년 대공황 이후 가장 큰 어려움이 닥쳤다고 보았어. 경제 위기가 미국에서 시작되었고, 큰 은행이 줄줄이 문을 닫고, 수많은 사람들이 일자리에서 쫓겨났기 때문이지.

사람들은 당장 망해가는 은행이나 회사에 자금을 투입하는 것만이 아니라 보통 사람들의 소득과 일자리를 늘려야 한다고 생각했지. 뉴딜 시기에 루스벨트 정부는 일자리를 만들었을 뿐만 아니라 노동조합을 인정해서 더 많은 임금을 받을 수 있도록 했어. 보통 사람들이 소비를 해야 경제가 살아날 수 있다고 본 거지.

이런 이유로 2차 세계 대전이 끝난 이후에도 많은 나라들이 가능하면 소득이 높은 수준이 되도록 노력했어. 그리고 그 덕분에 자본주의 경제는 꽤 오랫동안 호황을 누렸단다.

하지만 1970년대 이후 정부 정책이 바뀌면서 소득 분배가 양극화되었어. 오늘날 벌어지는 경제 위기는 부자는 더 부자가 되고 가난한 사람은 더 가난해지는 양극화 현상 때문이야. 그러니 경제 위기를 극복하기 위해서도, 더 많은 사람들이 더 나은 삶을 살기 위해서도 소득과 일자리가 늘어야 하지. 이런 점에서 새로운 뉴딜이 필요하단다.

2008년 경제 위기가 터지자 돈을 찾으러 은행에 몰려간 사람들

DER MARSHALLPLAN

유럽을 돕는 미국의 마셜 플랜을 그린 포스터

전쟁이 끝나고 찾아온 새로운 세계

15

1607년
영국, 북아메리카에 제임스타운 건설

1620년
〈메이플라워 서약〉 작성

1773년
보스턴 티 파티 사건

1776년
〈독립 선언서〉 발표

1787년
연방 헌법 제정

1803년
루이지애나를 사들임

1852년
비처, 《톰 아저씨의 오두막》 출간

1861년
남북 전쟁이 일어남

1886년
헤이마켓 사건

1898년
미국-스페인 전쟁

1903년
프로 야구 월드시리즈 시작

1917년
세계 대전 참전

1920년
최초의 라디오 상업 방송 시작

1929년
대공황 시작

1947년
마셜 플랜 시행

1963년
워싱턴 행진

2001년
9.11 테러

1945년 8월이 되자 사람들은 끔찍한 시절이 지나갔다고 생각했어. 지난 30년 동안 두 차례의 커다란 전쟁이 있었고, 그 사이에는 경제적 어려움이 있었지만 이제 다 끝났다고 생각했지. 하지만 평화와 번영이 거저 오는 건 아니지. 전쟁 이후, 즉 전후의 세계는 이를 달성하기 위한 노력으로 시작되었어.

그런데 이런 노력은 미국과 소련의 대립과 함께 이루어졌단다. 전쟁 속에서 미국은 명실상부한 초강대국으로 떠올랐어. 또한 전쟁으로 사회주의 나라가 늘어나면서 소련도 사회주의 진영의 우두머리가 되었단다. 2차 세계 대전 때에는 힘을 합쳐 싸웠던 두 나라가 이제는 각자의 힘과 이념을 확대하려고 나섰단다.

세계 경제의 지휘권을 잡다

새로운 세계는 새로운 제도를 만드는 것과 함께 시작되었어. 자본주의 경제를 잘 돌아가게 만들기 위해서야. 대공황으로 세계의 경제가 망가지고 이것이 전쟁으로 이어졌기 때문에 평화를 가져오기 위해서는 경제가 안정되어야 하니까 말이야.

자본주의 경제가 잘 돌기 위해서는 우선 돈이 잘 돌아야 한다고 했지? 이를 위해 전 세계에서 공용할 수 있는 '세계 화폐'가 필요하단다. 그런데 세계 화폐는 따로 있는 게 아니야. 힘이 가장 강한 나라의 화폐가 세계 화폐지. 2차 세계 대전이 끝났을 때 가장 강한 나라는 물론 미국이었단다. 당시 미국은 전 세계 산업 생산의 거의 절반을 담당했어. 미국 혼자서 말이야!

전쟁이 끝나기 전인 1944년 7월, 미국의 휴양 도시인 브레턴우즈에서 국제 통화 금융 회의가 열렸어. 여기서 미국의 달러를 국제 무역에 사용할 세계 화폐로 정했어. 다른 나라 돈과 달러의 교환 비율, 보통 '환율'이라고 부르는 것은 고정시켰단다. 이와 더불어 국제 통화 기금와 세계은행을 만들고, '관세와 무역에 관한 일반 협정'도 맺었어. 모두 무역이 잘 되게 해서 세계 경제를 다시 제대로 일으키기 위한 거야.

이걸 다 묶어서 브레턴우즈 체제라고 불러. 한마디로 미국을 중심으로 무역을 촉진해서 경제가 잘 돌아가도록 하자는 거지.

換率
바꿀 환 비율 율

브레턴우즈에서 열린 회의
세계 여러 나라들이 한자리에 모여 앞으로의 세계 경제에 필요한 것들을 논의하고 결정했어.

그럴 때만 세계 평화가 이루어질 수 있다고 본 거야.

1차 세계 대전이 끝났을 때와 뭔가 달라진 걸 느끼지? 미국이 적극적으로 나서서 세계 질서를 새롭게 만들었다는 게 달라진 점이야. 이렇게 된 이유가 있어.

우선 미국 경제가 너무 커졌어. 원래 미국은 유럽 나라들에 비해 커다란 국내 시장이 있어. 그래서 굳이 국제 무역을 많이 하지 않아도 되었어. 하지만 이제 사정이 달라진 거지. 세계 시장이 없으면 미국 경제는 돌아갈 수 없을 정도로 커진 거야.

또 하나, 몇 나라를 소련과 함께 묶어 '공산주의 블록'이라고 부르기 시작했어. 미국으로서는 자본주의 세계 질서를 지키기 위해 나서야 했거든. 먼저 그 배경을 살펴보자.

共産主義
함께 공 낳을 산
주인 주 옳을 의

1차 세계 대전 이후 생겨난 용어로 사회주의를 가리키는 말.

냉전으로 얼어붙는 사회

冷戰
찰 냉 싸울 전

熱戰
더울 열 싸울 전

냉전을 그대로 풀이하자면 '차가운 전쟁'이지. 무슨 말이냐 하면 서로 총을 쏘지는 않았지만 마치 전쟁을 하는 것처럼 심하게 대립했다는 거야. 반대로 실제로 총을 쏘면서 벌이는 전쟁은 열전이라고 해.

전쟁이 끝나자 미국은 소련이 공산주의를 확대하려는 생각을 가지고 있다고 보아 이를 막으려 했어. 반대로 소련은 미국을 비롯한 자본주의 나라들이 공산주의 나라들을 침략하려 한다고 믿었지. 그러니 서로 싸울 수밖에. 하지만 핵무기 시대에 두 강대국이 직접 싸울 수는 없는 일이었어. 그러면 둘 다 망할 테니 말이야. 그래서 서로를 막는 데 힘을 쏟았단다.

封鎖
봉할 봉 쇠사슬 쇄

냉전 속에서 미국은 소련에 대한 '봉쇄' 정책을 폈어. 미국 국무부의 관리였던 조지 케넌이라는 사람은 러시아, 즉 소련은 오랫동안 팽창하려는 경향이 있는 나라이며, 이에 맞서 끈기 있으면서도 단호한 봉쇄 정책을 해야 한다고 주장했어. 이를 트루먼 대통령이 받아들였단다.

이런 냉전이 제대로 시작된 건 1947년 여름이었어. 그리스와 터키에서 공산주의를 지향하는 사람들이 반란을 일으켰거든. 이곳은 오랫동안 영국이 힘을 뻗치던 곳이야. 하지만 영국은 저물어가는 제국이었어. 이제 미국이 나설 때였지. 트루먼은 의회

의회에서 발언하는 트루먼 대통령
오랫동안 영향력을 끼치던 영국은 그리스와 터키가 어려움에 처하자 외면했어. 그래서 두 나라가 소련 세력에 들어가려는 움직임이 생겼지. 소련과 다투던 미국은 두 나라를 돕겠다고 나섰단다.

에 나가 두 나라에 원조를 해야 한다고 하면서 이렇게 말했어.

"무장한 소수 세력에 맞서 싸우는 자유민을 지원하는 것이 미국의 정책이 되어야 합니다."

이렇게 자본주의 세계를 지키기 위해 다른 나라에도 개입할 수 있다는 것을 트루먼 독트린이라고 해.

미국은 그리스와 터키에 고문단을 보내고, 4억 달러의 군사 원조를 했단다. 덕분에 터키와 그리스는 위기를 벗어나긴 했어. 하지만 군사 독재 정권이 들어섰단다. '자유세계'를 지킨다는 명분으로 독재 정권을 지지하는 모순된 행동은 이후에도 계속되었지.

냉전은 국내에서도 벌어졌어. 공산주의를 막는다고 하면서 사상의 자유, 언론의 자유를 짓밟는 일이 벌어졌단다. 그것도 국민

援助
도울 원 도울 조

조사 받는 영화배우
당시 인기 배우인 프레드릭 마치가 부인과 함께 공산주의 활동 조사를 받는 장면이야.

조지프 매카시의 발언
공화당 의원인 조지프 매카시는 경력 위조와 뇌물 사건으로 위기에 처하자 자신이 미국에서 활동하는 공산주의자 297명의 명단을 갖고 있다고 선언을 했어. 냉전 분위기에 휩쓸려 매카시가 지목한 사람이나 단체는 특별한 증거도 없이 무조건 조사를 받게 되었단다.

의 기본권을 보호해야 하는 정부가 말이야.

1947년에 하원 내의 반미 활동 조사 위원회는 국내의 공산주의 활동을 널리 조사하기로 했어. 재미있는 것은 할리우드를 첫 번째 표적으로 삼았다는 거야. 영화를 통해 은밀하게 공산주의를 선전하는 영화인이 있으니 이를 찾아내야 한다는 거지. 이 때문에 수많은 영화인이 하원 청문회에 불려 나와 증언을 해야 했어. 어떤 사람들은 양심의 자유에 따라 증언을 거부했어. 이런 사람들은 의회를 모독했다는 죄목으로 감옥에 갔지.

미국 정부는 공무원에 대해서도 조사를 벌였어. 연방 충성 심사국이라는 걸 만들어서 5년 동안 무려 600만 명의 공무원을 조사했단다. 여기서 의심을 받은 2000명이 직장을 그만두어야 했어.

이렇게 냉전 속에서 사회는 얼어붙은 세상이 되었어. 적 아니면 동지라는 이분법이 판쳤고, 인류의 주요한 가치인 사상과 양심의 자유는 시들어 갔단다.

풍요로운 시대가 돌아오다

1947년 6월 초, 국무 장관인 조지 마셜이 하버드 대학 졸업식에 강연자로 나섰어. 이 강연에서 마셜은 유럽 경제를 재건하기 위해 원조를 해야 한다고 말했어. 그 말에 따라 미국은 그해 말부터 유럽에 엄청난 경제 원조를 한단다. 이 일은 나중에 마셜의 이름을 따서 '마셜 플랜'이라고 불리게 돼.

미국이 마셜 플랜을 펼친 것은 두 가지 이유 때문이야. 우선 유럽 경제가 살아나야 미국 경제도 돌아갈 수 있다는 것이야. 앞

서도 말한 것처럼 이제 미국 경제는 해외 시장 없이는 유지될 수 없을 정도로 커져 버렸거든. 유럽 말고 이를 감당할 만한 곳은 없었어.

또 다른 이유는 공산주의를 막기 위한 거였어. 당시 유럽은 대공황과 전쟁을 겪으면서 폐허가 되어 버렸어. 사람들의 삶은 너무나 어려웠지. 이를 그냥 놓아두면 공산주의의 주장이 사람들에게 받아들여질 거라 생각한 거야. 어쨌든 유럽이 잘 살아야 자본주의 시장 경제가 지속될 수 있다고 본 거지.

이런 이유가 있었으니 공산주의를 따르는 동유럽 나라들은 소련의 명령에 따라 미국의 원조를 받지 않기로 했어. 그래서 마셜 플랜에 따른 원조는 서유럽 16개 나라가 받았단다. 미국은 이후 3년 동안 130억 달러가 넘는 돈과 물자를 서유럽에 보냈지. 영국이 가장 많이 받았고, 그 다음이 프랑스였어. 전쟁을 일으켰던 독일은 둘로 쪼개져 있었는데 공산주의 쪽인 동독을 빼고, 서독이 세 번째로 많은 원조를 받았단다.

이후 유럽 경제는 빠르게 살아나기 시작했어. 곧 유럽에서도 미국식 대중 소비가 늘어났단다. 온갖 가전제품은 말할 것도 없고, 집집마다 자동차를 두게 되었지. 이뿐만 아니라 젊은이들을 중심으로 옷, 화장품, 대중음악에 대한 소비도 크게 늘어났단다.

그래도 소비문화의 원조는 역시 미국이었지. 잠시 주춤하긴 했지만 미국은 전쟁이 끝난 후에도 계속 잘나갔어.

미국 정부는 학교, 주택, 고속도로 등을 짓는 데 많은 돈을 쏟아 부었어. 그뿐만 아니라 전쟁에서 돌아온 군인들을 도와주는 법을 만들기도 했단다.

　게다가 우리에게는 불행한 일이었지만 한국 전쟁도 미국 경제에 도움이 되었어. 3년 동안 계속된 전쟁에 미국은 많은 돈을 썼지만 세계 대전 때와 마찬가지로 군수 산업에서 호황을 누렸단다.

　덕분에 미국의 중산층 이상은 정말로 풍요로운 삶을 누렸어. 복잡한 도시에서 조금 떨어진 곳에 세운 안락한 주택에 텔레비전, 오디오, 냉장고, 세탁기, 식기세척기 같은 전자제품은 말할

1950년대 미국의 모습(재현)
전쟁에 필요한 물건을 만들어 내면서 미국 경제는 다시 활기가 돌았어. 사람들은 풍요로운 문화를 되찾았단다.

전쟁이 끝나고 찾아온 새로운 세계

것도 없고 집집마다 보통 2대의 자동차를 두었단다. 한 대는 출퇴근할 때 쓰고, 또 한 대는 장을 보거나 아이들을 데리고 어디 갈 때 썼지.

하지만 모두가 풍요를 누린 건 아니었어. 통계 조사에 따르면 당시 4000만 명이 넘는 가난한 사람이 있었단다. 이는 전체 인구의 4분의 1이나 되는 숫자야. 특히 흑인을 비롯해 유색인들 가운데 가난한 사람이 많았단다. 이들은 대개 도시 한가운데에 모여 빈민가를 이루어 살았어. 얼마 후 이들의 불만이 크게 터져 나왔지.

有色人
있을 유 빛 색 사람 인
흰 피부를 가진 백인과 다른 인구 집단을 구분하여 쓰이는 말.

❧ 냉전 속의 열전, 한국 전쟁 ❧

 냉전 시대에도 총을 쏘며 싸우는 뜨거운 전쟁이 많이 일어났어. 그 가운데 하나가 한국 전쟁이란다. 1950년 6월 25일 북한군의 공격으로 시작된 전쟁은 3년 동안 이어지면서 200만 명 이상의 희생자를 낳은 비극이었어.

 한국 전쟁이 일어난 건 여러 가지 원인 때문이야. 가장 중요하게는 일본의 식민 지배에서 우리 힘으로 해방되지 못했고, 이후에도 미국과 소련이 한반도를 나누어 점령했기 때문이야. 앞으로 미국과 함께하려는 남한 정부나 소련을 따르는 북한 정부나 한 치의 양보도 없이 대립했거든. 이런 가운데 남한을 쉽게 장악할 수 있다고 믿은 북한의 공격으로 전쟁이 일어난 거야.

 이렇게 시작된 한국 전쟁은 국제적인 전쟁이 되었어. 미국이나 소련 모두 한반도를 자기 영향 아래 두려고 했거든. 여기에 더해 가까운 중국까지 나섰지. 그래서 미국 중심의 유엔군과 북한, 중국, 소련 사이의 싸움으로 번진 거야. 그러다 보니 어느 한쪽이 이길 수 없었고, 결국 1953년 여름에 전쟁을 중단하기로 한 거지. 이게 오늘날까지 이어져서 우리가 분단국가에 살게 된 거란다.

전쟁기념관의 한국 전쟁 50주년 조형물

| 자유를 향한 행진이 벌어졌던 워싱턴 기념탑

더 평등한 사회로

16

1607년
영국, 북아메리카에 제임스타운 건설

1620년
〈메이플라워 서약〉 작성

1773년
보스턴 티 파티 사건

1776년
〈독립 선언서〉 발표

1787년
연방 헌법 제정

1803년
루이지애나를 사들임

1852년
비처, 《톰 아저씨의 오두막》 출간

1861년
남북 전쟁이 일어남

1886년
헤이마켓 사건

1898년
미국-스페인 전쟁

1903년
프로 야구 월드시리즈 시작

1917년
세계 대전 참전

1920년
최초의 라디오 상업 방송 시작

1929년
대공황 시작

1947년
마셜 플랜 시행

1963년
워싱턴 행진

2001년
9.11 테러

전쟁과 경제 위기를 지나고 찾아온 1950년대가 풍요의 시대이긴 했지만, 모두가 그걸 누린 건 아니야. 특히 흑인과 여성이 그러했어. 흑인은 뿌리 깊은 인종 차별 속에 살아갔고, 여성도 남성에 비해 심한 차별을 받았단다. 1960년대는 차별을 없애려는 노력이 벌어졌던 시대야. 이런 노력은 어느 정도 성공을 거두었고, 미국 사회는 조금 더 평등한 사회가 될 수 있었어.

나에게는 꿈이 있습니다

남북 전쟁으로 흑인 노예가 해방되긴 했지만, 백인과 동등한 대우를 받지는 못했어. 이걸 인종 차별이라고 해. 특히 노예주가 많았던 남부는 인종 차별의 뿌리가 아주 깊은 곳이야. 어느 정도였냐면 흑인 아이들은 백인 아이들과 다른 학교에 다녔어. 공중화장실도 분리되어 있었고, 버스 터미널 같은 데도 마찬가지야. 흑인들은 들어갈 수 없는 백인 전용 식당도 있었지. 시내버스를 타도 흑인들은 앞자리에 앉으면 안 되었어.

대부분의 흑인들은 투표권도 없었단다. 투표를 하려면 본인이 직접 관청에 가서 투표권 등록을 해야 해. 하지만 담당 공무원들이 흑인들에게는 이런저런 핑계를 대면서 투표권 등록을 받

백인 전용, 유색인 전용
1945년 어느 식수대의 풍경이야. 다 같은 사람인데도 백인과 유색인을 구분해 놓아서 각각 쓰게 했어. 당시 미국에는 이런 차별이 어디에나 만연해 있었단다.

지 않았어. 그래서 흑인들은 정치에서 제 목소리를 내기가 힘들었지.

하지만 세상은 변하기 시작했어. 흑인들 스스로가 인종 차별을 없애기 위해 나서기 시작했거든. 1955년 12월 앨라배마 주의 몽고메리에서는 중년의 흑인 여성, 로자 파크스가 버스에서 체포되는 일이 일어났어. 백인 전용 좌석에 앉았다는 게 이유였지. 그러자 흑인들이 버스 안 타기 운동을 벌였어. 1년 넘게 이어진 이 투쟁으로 버스에서의 인종 차별을 없앨 수 있었단다.

하지만 이것은 시작에 불과했어. 곳곳에서 벌어지는 인종 차별을 없애기 위해 하나하나 싸워야 했단다. 1960년 2월, 노스캐롤라이나의 그린스보러에서는 흑인 대학생 4명이 백인 전용 식당에 가서 커피를 주문했어. 당연히 점원은 커피를 주지 않았지.

체포되는 로자 파크스와 마틴 루터 킹
마틴 루터 킹은 흑인 인권 운동의 지도자이자 목사야. 목사로 부임한 뒤 버스의 차별 좌석제를 반대하며 단체로 버스 이용을 거부하는 운동을 주도했단다. 사진은 이 때문에 경찰에 체포당하는 모습이야.

더 평등한 사회로 | 193

그러자 학생들은 조용히 책을 꺼내 읽다가 식당이 문을 닫을 시간에 나왔어. 그리고 다음 날, 다시 식당에 갔고, 또 다음 날도 갔어. 말 그대로 침묵의 저항을 한 거야.

이후 흑인들의 저항은 폭발적으로 터져 나왔어. 곳곳에서 저항을 했고, 시위를 벌였단다. 그러자 일부 백인 우월주의자들은 이들에게 폭력을 행사했어. 경찰도 소방 호스로 물을 뿌리고 경찰견을 동원해서 시위를 진압하곤 했지. 하지만 그럴수록 흑인들의 저항은 커졌고, 이에 동조하는 백인들도 점차 많아졌단다.

이런 힘이 모인 게 1963년 8월 말에 있었던 '워싱턴 행진'이란 집회야. 백인을 포함해서 25만 명이 모인 이 집회에서 사람들은 '자유와 일자리'를 요구했어. 이때 앞에 나선 마틴 루터 킹 목사

❧ 수많은 암살 ❧

역대 미국 대통령 가운데 암살로 세상을 떠난 사람이 적지 않아. 링컨이 대표적인 사람이지. 가장 최근의 일로는 1963년 11월에 암살된 존 F. 케네디 대통령이 있어. 범인은 오스왈드라는 사람이었는데, 암살 동기는 여전히 확실하지 않아.

케네디의 동생이자 1968년 대통령 선거전에 나섰던 로버트 케네디도 그해 6월에 암살되었단다. 친이스라엘 정책을 지지하자 이에 분개한 팔레스타인 청년을 총을 쏜 거야. 로버트 케네디가 죽기 두 달 전에는 민권 운동에 앞장섰던 마틴 루터 킹 목사가 암살당했어. 그보다 몇 년 전에는 또 다른 흑인 지도자 맬컴 엑스가 암살당하기도 했단다.

이렇게 암살로 죽은 사람들은 지지자들의 기대를 한 몸에 받던 사람들이야. 그러니 절망도 더 커졌지. 이런 절망은 또 다른 폭력을 낳기도 했단다.

는 이런 연설을 했단다.

"나에게는 꿈이 있습니다. 내 아이들이 피부색을 기준으로 사람을 평가하지 않고 인격을 기준으로 사람을 평가하는 나라에서 살게 되는 꿈 말입니다…… 미국이 위대한 국가가 되려면 우리의 꿈은 반드시 실현되어야 합니다."

다음 해에 이 꿈은 실현되었어. 의회가 민권법을 통과시켜 공공장소에서의 인종 차별을 없앴단다. 그 다음 해인 1965년에는 투표권법이 만들어져 모든 사람이 차별 없이 투표에 참여할 수 있게 되었고 말이야.

워싱턴 행진에 모인 사람들
호수를 둘러싸고 바글바글 모여 있는 듯 보이는 게 모두 워싱턴 행진에 참여한 사람들이야. 무려 25만 명의 사람이 한 자리에 모여 자유를 외쳤단다. 저 멀리 워싱턴 기념탑이 보여.

여성 운동의 두 번째 물결

1960년대에는 여성도 차별을 없애기 위해 나섰어. 이미 여성은 19세기 말에서 20세기 초에 참정권을 얻기 위해 싸운 경험이 있었어. 이를 여성 운동의 첫 번째 물결이라고 해.

하지만 참정권을 얻은 이후에도 여성은 여러 가지 차별에 시달렸어. 흑인과 마찬가지로 교육과 직업 등에서 차별을 받았어. 또한 여성은 결혼한 후에는 가정에서 아이를 낳아 기르고 남편 뒷바라지를 해야만 했지. 마치 여성은 인격이 없는 사람처럼 취급받은 거야.

이런 가운데 여성의 자아를 찾아야 한다는 생각이 나타났지.

집안일에 시달리는 여성
텔레비전에서는 남편과 아이들을 사랑하며 우아한 생활을 보내는 주부의 모습을 보여 줬겠지만 현실 속 여성의 삶은 많이 달랐어.

1963년에 학자이자 가정주부인 베티 프리던은 《여성의 신비》라는 책을 냈어. 교육받은 중산층 여성인 프리던은 자신과 비슷한 사람들의 경험을 조사했지. 대부분 좋은 집안에서 태어나 대학을 나오고 좋은 남자를 만나 결혼을 했어. 이들은 대개 도시 근처의 주택에 살면서 집안일을 하고 아이들을 길렀어.

겉으로 보기엔 행복한 가정생활을 하는 것으로 보였지. 하지만 이들의 속마음은

뭔지 모를 실망감으로 가득 차 있었단다. 그건 자아를 잃어버렸다는 느낌이야. 남편과 아이들 뒷바라지 하느라 자신이 받은 교육, 자신의 재능을 살리지 못하면서 산다는 거지.

《여성의 신비》에 영향을 받은 사람들은 남성과 동등한 권리를 얻기 위해 나섰어. 이들은 1966년에 '전국 여성 조직'을 만들었어. 이 조직은 금세 미국에서 가장 큰 여성 조직이 되었지. 그렇게 만들어진 조직은 여성으로써 동등한 권리를 얻기 위해 주로 의회에 로비를 해서 문제를 제기하거나 법정 소송을 하기 시작했단다.

이들보다 더 급진적인 여성 해방 운동가들도 나타났어. 이들은 남성과의 동등한 권리가 아니라 여성의 '해방'을 원했어. 이때 말하는 해방은 성, 임신, 출산 등을 여성 스스로가 통제하는 거야. 자기 몸은 자기 것인데, 지금까지 여성의 몸을 사실 남성이 마음대로 해 왔다는 거지. 그래서 이들은 원하는 때에 임신을 할 수 있도록 피임을 하고, 자유로운 성생활을 하고자 했어.

크게 문제가 된 건 낙태의 권리였어. 여성의 몸은 여성의 것이고, 따라서 임신과 출산도 알아서 해야 된다고 생각하는 여성들은 낙태도 자신의 권리라고 보았어. 하지만 태아도 생명이라는 생각을 가진 사람들은 여기에 크게 반발했어. 이 문제는 지금까지도 해결되지 않은 뜨거운 쟁점이란다.

또한 이들은 세상을 여성의 눈으로 보아야 한다고 생각했어.

여성의 아름다움도 마찬가지야. 지금까지는 남성에게 잘 보이기 위해 여성이 치장을 했다는 거지. 이에 항의하기 위해 이들은 1968년 애틀랜틱시티에서 열린 미스 아메리카 선발 대회장 앞에서 피켓을 들고 시위를 벌였어. 시위를 벌이면서 브래지어 같은 속옷을 '자유의 쓰레기통'에 집어 던지고 불태웠단다. 이것들이 남성에게 잘 보이기 위한 물건이란 거지.

자유를 위해 나선 여성들
애틀랜틱시티에서 벌어진 시위에서 여성들은 브래지어와 뾰족한 구두 등 남성들에게 잘 보이기 위해 만들어졌다고 판단한 물건들을 자유의 쓰레기통에 넣고 태웠단다.

이런 노력 속에 여성의 지위가 조금씩 높아졌어. 1971년에 연방 정부는 '소수자 우대 조치'에 여성을 포함했어. 흑인이나 여성 혹은 장애인 등 역사적으로 희생당해 온 사회적 소수를 평등하게 대우하기 위해 특별한 조치가 필요하다는 거야. 예를 들면 대학에 입학할 때 일정 수의 소수자가 합격할 수 있도록 하거나 정부가 어떤 사업을 계약할 때 소수자에게 우선권을 주는 것 등이지.

그러면서 여성들 가운데 고등 교육을 받는 사람들도 이전보다 많아졌어. 이는 여성이 사회적으로 더 높은 자리를 차지할 수 있게 해 주었지. 의사, 변호사 같은 전문직은 말할 것도 없고 기업의 고위 임원에도 여성이 많이 진출했단다. 하지만 여성들은 여전히 남성 중심 사회라서 여성으로서의 한계가 있다고 주장해. 그래도 1960년대 이후 여성의 지위는 조금씩 나아졌단다. 바로 여성들 스스로의 노력으로 말이야.

베트남 전쟁의 비극

1960년대 미국은 좀 더 평등한 사회로 나아가고 있었어. 하지만 베트남 전쟁이라는 수렁에 빠지면서 미국의 지위가 하락하기 시작했단다. 왜냐하면 전쟁에서 이기지 못했을 뿐만 아니라 명분도 없었거든. 게다가 전쟁에 돈을 너무 많이 퍼부으면서 경제도 어려워졌어.

베트남은 오랫동안 프랑스의 식민지였다가 2차 세계 대전 때 잠시 일본이 점령한 곳이야. 물론 베트남 사람들은 독립을 위해 투쟁했고, 베트남 민주 공화국을 수립했어. 하지만 전쟁이 끝나고 프랑스가 다시 들어왔어. 그러면서 다시 전쟁이 벌어졌단다.

이 전쟁은 베트남의 승리로 끝났지만 이때 미국이 들어왔어. 베트남을 비롯해서 동남아시아가 전략적으로나 경제적으로 중요한 곳이었기 때문에 미국은 자기 말을 듣는 정권을 세

우고 싶었거든. 그러면서 베트남은 북위 17도선을 기준으로 미국에 협조하는 남베트남과 그렇지 않은 북베트남으로 나뉘었단다. 북베트남은 나라를 둘로 나눈 미국을 몰아내고 베트남을 다시 하나로 만들려고 했어. 이런 북베트남과 미국 사이에 벌어진 게 베트남 전쟁이야.

1965년에 전쟁이 본격적으로 시작되었을 때 승패는 뻔해 보였어. 가난한 농업 국가인 베트남이 초강대국 미국의 상대가 될 것으로 보지 않았던 거지. 하지만 전쟁은 무기로만 하는 게 아니야. 남베트남 정권이나 미국은 베트남 민중의 마음을 얻지 못했어. 전쟁은 길어졌고, 미국 내에서도 전쟁을 그만두어야 한다는 여론이 높았단다. 결국 미국은 1973년에 철수할 수밖에 없었어. 2년 후 베트남은 통일되었단다.

베트남 전쟁은 미국과 미국 사람들에게 커다란 상처를 입혔어. 미국이 세계의 민주주의를 위해 싸웠다는 자긍심이 있었던 미국 사람들은 미국이 그렇지 않은 나라일 수도 있다는 생각을 했어. 그보다 더 큰 문제는 미국의 힘이 약해졌다는 거야. 이제 미국은 다른 나라와 협력하지 않으면 안 되는 처지에 빠졌단다.

베트남 전쟁 반대 시위
베트남 전쟁이 잘못된 전쟁이라는 건 미국 사람들도 알고 있었어. 사람들은 평화를 외치며 전쟁을 반대하는 시위를 벌였단다.

| 뉴욕의 리버티 섬에 세워져 미국을 상징하는 자유의 여신상

새로운 미국

17

- **1607년**
  영국, 북아메리카에 제임스타운 건설
- **1620년**
  〈메이플라워 서약〉 작성
- **1773년**
  보스턴 티 파티 사건
- **1776년**
  〈독립 선언서〉 발표
- **1787년**
  연방 헌법 제정
- **1803년**
  루이지애나를 사들임
- **1852년**
  비처, 《톰 아저씨의 오두막》 출간
- **1861년**
  남북 전쟁이 일어남
- **1886년**
  헤이마켓 사건
- **1898년**
  미국-스페인 전쟁
- **1903년**
  프로 야구 월드시리즈 시작
- **1917년**
  세계 대전 참전
- **1920년**
  최초의 라디오 상업 방송 시작
- **1929년**
  대공황 시작
- **1947년**
  마셜 플랜 시행
- **1963년**
  워싱턴 행진
- **2001년**
  9.11 테러

지난 세기, 그러니까 20세기는 말 그대로 '미국의 세기'였어. 특히 2차 세계 대전이 끝났을 때부터 그러했지. 당시 미국이 세계 경제에서 차지하는 몫은 절반이나 되었어. 경제력만 놀라운 게 아니야. 미국은 2차 세계 대전을 승리로 이끄는 군사력을 갖추고 있었어. 전후에는 '세계의 경찰'로서 100개가 넘는 해외 기지를 두었지. 미국의 항공모함이 가지 못할 바다가 없었단다.

이러한 경제력이나 군사력보다 더 강력한 것은 정치적, 도덕적 힘이야. 미국은 유럽 나라들과 달리 다른 나라를 직접 지배하는 대신 모든 나라의 근대화와 민주주의를 지지한다고 말했지. 여기서 말하는 근대화와 민주주의는 '미국적인 삶'을 말해. 산업을 발전시켜 물질적 풍요를 누리고, 자유로운 선거를 통해 정부를 만드는 거 말이야.

더욱 놀라운 것은 미국 문화가 널리 퍼진 거야. 햄버거와 콜라 같은 음식에서 할리우드 영화, 청바지 같은 패션까지 전 세계가 미국을 따라하고 좋아하게 되었지.

하지만 영원한 것은 없다는 말이 있듯이 이런 미국의 지위도 점차 흔들리는 게 오늘의 현실이란다. 1990년대 초반, 냉전의 경쟁자 소련이 무너진 이후 유일한 초강대국이 된 것처럼 보였던 미국도 어느 순간 힘이 상당히 약해졌어. 그 이후 미국은 예전의 지위를 지키기 위해 안간힘을 쓰고 있단다.

끝나지 않은 전쟁

소련이 무너지면서 미국은 가만히 앉아서 유일한 초강대국이 되었어. 그러자마자 초강대국으로서 힘을 발휘할 기회가 왔어. 그게 1991년에 벌어진 걸프전이야.

1990년 8월, 이라크가 바로 옆에 있는 쿠웨이트를 침공했어. 쿠웨이트는 작긴 하지만 석유가 많이 나오는 나라야. 이라크의 독재자인 사담 후세인은 이를 탐낸 거지.

그러자 미국의 부시 대통령은 쿠웨이트에서 이라크를 몰아내기로 마음먹었어. 미국은 영국, 프랑스, 이집트, 사우디아라비아 같은 우방국과 함께 많은 병력을 쿠웨이트로 보냈어. 이렇게 모

友邦國
벗 우 나라 방 나라 국

인 군대는 70만 정도였는데, 40만 이상이 미군이었단다. 이렇게 해서 걸프전이 벌어졌어.

다음 해 1월 중순에는 미국이 앞장선 연합군이 이라크를 공격했어. 연합군은 막강한 화력을 앞세워 주요 도시와 산업 시설을 공격했어. 그리고 나서 지상군이 나섰지. 이라크는 별다른 저항을 하지 못하고 결국 쿠웨이트에서 물러나고 말았어.

地上軍
땅 지 위 상 군사 군

걸프전은 초강대국 미국의 군사력을 뽐낸 전쟁이었어. 인명 피해도 별로 없었고, 무엇보다 빨리 전쟁을 승리로 이끌었다는 게 돋보였지. 이제 미국을 당할 나라는 정말 없는 것 같았어.

하지만 속을 들여다보면 그렇지도 않아. 우선 미국 경제가 옛날만큼 좋지 않았어. 그렇기 때문에 동맹국이 없었다면 걸프전

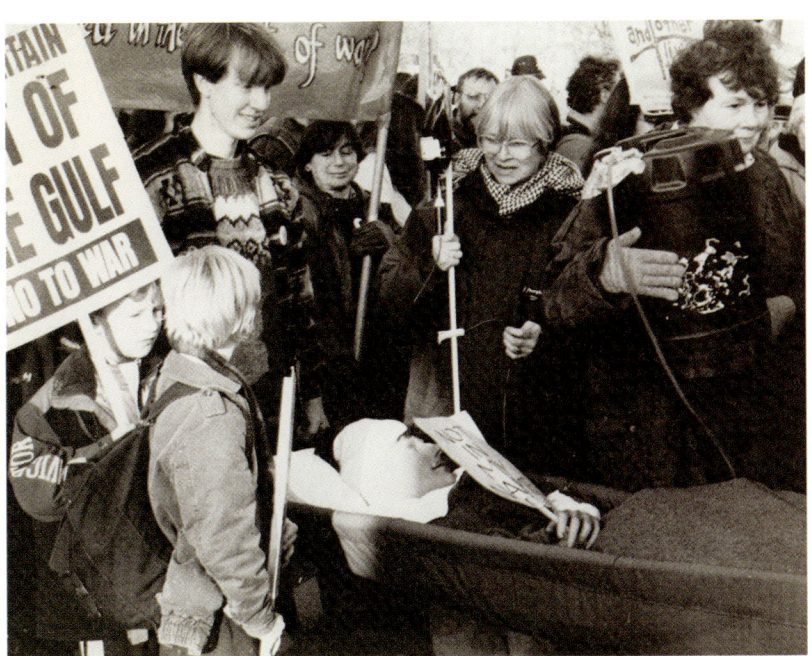

걸프전을 반대하는 사람들
미국은 처음에 정당한 이유를 들며 전쟁에 참가했지만 점차 엉뚱한 방향으로 흘러갔어. 사람들은 베트남 전쟁 때처럼 전쟁에 반대하는 시위를 벌이기도 했단다.

새로운 미국 | 205

一方主義
한 일 방향 방
주인 주 옳을 의

상대방이나 주변의 입장과 의견을 무시하고 자신의 주장만을 밀어붙이는 것.

을 제대로 치를 수 없었을 거야. 또한 독재자 사담 후세인을 물리친다는 명분도 그리 효과가 없었어. 아랍권 사람들은 말할 것도 없고 전 세계의 많은 사람들은 미국이 중동의 석유 때문에 전쟁을 벌였다고 믿었단다. 더 큰 문제는 이 전쟁으로 이슬람 세계 내에서 미국에 맞서야 한다는 사람들이 더 늘었다는 거야. 하지만 2000년 선거에서 대통령이 된 부시 대통령의 아들 조지 워커 부시는 도리어 일방주의 정책을 펼쳤어.

걸프전이 있은 지 십 년 후, 우려하던 일이 벌어졌어. 2001년 9월 11일 두 대의 여객기가 뉴욕 맨해튼의 쌍둥이 빌딩이라 불리는 세계 무역 센터에 충돌했어. 오사마 빈 라덴이 이끄는 '알카에

무너지는 세계 무역 센터
세계 경제를 아우르는 미국을 상징하며 우뚝 솟아 있던 세계 무역 센터는 9.11 테러로 순식간에 무너져 내렸단다.

다'라는 집단이 벌인 일이야. 이들은 이슬람 문명을 짓밟는 미국을 응징하겠다고 이런 일을 한 거야.

미국의 일방주의가 낳은 결과이지만, 조지 부시는 더욱 일방적으로 나아갔어. 곧바로 아프가니스탄을 공격한 거야. 아프가니스탄에 알카에다 근거지가 있다고 보았거든. 2003년 3월에는 이라크를 공격했어. 이라크는 알카에다와 관련이 없었지만 부시가 보기에 '악의 축'이었거든.

걸프전과 마찬가지로 두 달 만에 미국은 손쉬운 승리를 거두었어. 사담 후세인은 포로로 잡혔고, 이라크에는 '과도 정부'가 들어섰지. 하지만 이건 끝이 아니었어. 겉으로 끝난 것처럼 보였지만 전쟁은 계속되었단다. 이라크 사람들은 독재자인 사담 후세인도 싫어했지만, 자기 나라에 마음대로 쳐들어온 미국은 더 싫어했거든.

惡
악할 악

軸
굴대 축

부시 대통령이 국제사회에 위협이 되는 나라로 이라크, 이란, 북한을 지목하며 사용한 말.

아프가니스탄에서 작전을 수행하는 미군
2001년부터 시작된 아프가니스탄 전쟁은 계속 이어졌어. 그러다 전쟁에 협력했던 나라가 하나둘 빠져나가면서 미국도 2014년에 철수하기로 선언했단다.

이런 사정은 아프가니스탄도 마찬가지야. 여기서도 아프가니스탄 사람들은 끝까지 미국과 싸웠지.

아프가니스탄 전쟁과 이라크 전쟁은 베트남 전쟁을 떠올리게 해. 어마어마한 돈과 무기를 퍼부었지만 이기지 못한 전쟁 말이야.

중국의 도전과 G2

미국의 지위를 위협하는 더 커다란 힘은 중국에서 오고 있어. 1949년 중화 인민 공화국이 탄생한 이후 중국은 오랫동안 고립되어 있었어. 그러다 1970년대 초, 미국과 외교 관계를 맺었고, 국제 연합인 유엔에도 다시 들어왔지. 1978년에는 '개혁과 개방' 정책을 내걸면서 본격적인 변화의 길을 걸었어.

이후 중국의 산업 발전 속도는 놀라울 정도였어. 우선 값싼 노동력을 가지고 전 세계의 자본을 끌어들였고, 이렇게 해서 만들어진 상품이 전 세계 시장에서 넘쳐났어. '메이드 인 차이나'가 없었다면 많은 사람들이 값싼 소비 생활을 하지 못했을 거야. 대신 중국으로 전 세계 달러가 몰려들게 되었지. 중국은 들어온 달러로 미국 정부가 발행하는 채권을 샀어. 미국은 오랫동안 적자였기 때문에 끊임없이 채권을 발행했는데, 돈을 많이 번 중국이 이 채권을 사 준 거지. 이렇게 해서 미국과 중국은 서로 얽히게

債券
빚 채 문서 권
국가, 지방 자치 단체, 은행, 회사 등이 필요한 자금을 만들기 위해 발행하는 증권으로 재산이 될 수 있는 가치 있는 문서.

되었어. 중국은 미국 시장에 물건을 팔고, 미국은 중국에 채권에 파는 거지.

중국은 값싼 물건을 만들어 파는 데 그치지 않고, IT, 자동차, 우주 기술 등 첨단 산업도 발전시켰어. 이를 바탕으로 군사력을 강화하고 있단다. 바야흐로 '대국'이 되겠다는 야심을 드러낸 거지.

이런 중국의 힘은 2008년 세계 경제 위기 때 드러났어. 미국을 비롯한 전 세계가 경제적 어려움으로 허우적거리자 중국은 많은 돈을 풀어 경제가 돌아가게 하는 데 도움을 주었어. 그 덕분에 우리나라도 빨리 경제 위기에서 벗어날 수 있었어. 중국은 한국의 최대 교역국이거든.

G2의 만남
세계 주요 20개국이 모인 G20 정상 회담에서 만난 중국의 시진핑과 미국의 오바마가 악수를 나누고 있어.

이렇게 해서 '두 개의 그룹' 즉, 'G2'의 세계가 탄생했어. 다시 말해 지는 미국과 떠오르는 중국, 이 두 개의 태양이 하늘에 떠 있는 셈이지.

그러자 미국은 태평양을 중시하고, 아시아로 돌아오는 정책을 펴기 시작했어. 과거에 미국의 국제 정책을 유럽을 중심으로 하는 것이었지. 하지만 떠오르는 중국을 이용하고, 또 견제하기 위해 아시아, 특히 동아시아가 중요해진 거야.

미국의 변화

21세기에 미국에서 있었던 가장 큰 변화는 최초로 흑인 대통령이 탄생했다는 거야. 노예로 끌려온 흑인의 후손이 대통령이 될 수 있었던 건 정말 대단한 일이지. 오바마가 대통령이 될 수 있었던 건 많은 미국 사람들이 또 다른 변화를 원했기 때문이야. 우선 지난 수십 년 동안 빈부격차가 너무 심해졌어. 초강대국이라는 말에 어울리지 않게 가난한 사람이 너무 많아진 거야. 또 하나는 미국이 세계 무대에서 다른 나라와 어울리며 살아야 한다고 생각하는 거야.

오바마는 세제 개혁을 통해 부자들에게 세금을 더 물리고, 건강 보험도 개혁해서 더 많은 사람이 혜택을 받게 했어. 국제적으로는 아프가니스탄에서 군대를 철수시키는 등 여론에 귀를 기울였단다.

물론 이런 노력이 기울어가는 미국을 다시 되살릴지는 아직 분명하지 않아. 다만 분명한 것은 미국도 새로운 시대에 맞게 변화하려 한다는 거지.

사실 미국이 20세기 들어 초강대국이 된 건 끊임없이 변화해 왔기 때문이야. 영국인이 건너가 처음 자리 잡은 17세기 초 이래 살아남기 위해 계속해서 새로운 일을 시도했단다. 물론 전 세계에서 미국으로 모인 사람들 모두가 함께 한 일이지. 처음 주도

한 건 영국에서 온 사람들이었지만 유럽만 해도 거의 모든 지역 사람들이 미국으로 왔단다. 프랑스, 독일, 이탈리아 같이 큰 나라는 물론이고, 북쪽의 스웨덴, 동쪽으로는 폴란드와 러시아에서까지 미국으로 몰려들었지. 굶주림을 피해 아메리카로 건너간 아일랜드 사람들도 빼놓을 수 없지.

아프리카 사람들도 왔단다. 물론 대다수의 아프리카 사람들은 스스로 원해서 온 게 아니야. 노예로 끌려왔지. 노예로서 힘든 일을 하며 살아가다가 남북 전쟁이 끝나고 나서야 자유민이 된

미국 최초의 흑인 대통령
2009년 최초의 흑인 대통령으로 뽑힌 버락 오바마의 취임을 축하하는 콘서트가 워싱턴 D.C.의 링컨 기념관에서 열렸어. 오바마는 링컨 동상 앞에서 미국인들을 향해 희망을 이야기했단다.

이야기는 앞에서 들려주었지? 알다시피 그 이후에도 계속해서 차별에 시달렸지만 말이야.

아시아 사람들도 미국으로 많이 건너왔어. 중국, 일본, 한국 등 동아시아는 물론이고, 베트남 사람들을 비롯한 동남아시아, 인도와 파키스탄, 중앙아시아, 중동 등 아시아 곳곳에서도 태평양을 건넜단다.

여기에 더해 아메리카에 원래 살고 있던 인디언까지, 세계인이 모여 만든 게 미국이야. 그리고 그 미국은 20세기 들어 세계를 좌지우지하는 초강대국이 되었지.

이런 미국이 앞으로 어떻게 변해갈지 지켜보는 건 그 어떤 드라마보다 흥미로운 일이 될 거야.

| 《미국사 편지》에 나오는 미국과 우리나라의 흐름 비교 연표 |

연도	미국	우리나라
기원전		
1만 3000년	아메리카 대륙에 사람이 살기 시작함	
2300년경		고조선 건국
600년경	마야 문명 형성 시작	
기원후		
612년		살수대첩
676년		신라 한반도 중남부 통일
698년		발해 건국
918년		고려 건국
1019년		귀주대첩
1392년		조선 건국
1428년	아즈텍 제국 등장	
1438년	잉카 제국 등장	
1492년	콜럼버스 아메리카 대륙 도착	
1592년		임진왜란이 일어남
1607년	제임스타운 식민지 건설	
1620년	〈메이플라워 서약〉 작성	
1636년		병자호란이 일어남
1756~1763년	7년 전쟁	
1764년	설탕법 제정	
1770년	보스턴 학살	
1773년	보스턴 티 파티	
1776년	〈독립 선언서〉 발표	
1788년	연방 헌법 승인	
1789년	조지 워싱턴 미국 초대 대통령으로 선출	
1803년	루이지애나를 사들임	
1812년	영국과 전쟁	
1820년	미주리 타협	
1846~1848년	멕시코와 전쟁	
1848년	캘리포니아에서 금 발견	
1860년	링컨 대통령 당선	
1861~1865년	남북 전쟁	
1866년		제너럴셔먼호 사건이 일어남
1869년	최초의 대륙 횡단 철도 완공	

연도	미국	우리나라
1871년		신미양요가 일어남
1876년		일본과 강화도 조약을 맺음
1886년	미국 노동자 연맹(AFL) 창립 헤이마켓 사건	
1897년		대한제국 선포
1898년	에스파냐와 전쟁	
1914년	1차 세계 대전이 일어남	
1917년	1차 세계 대전 참전	
1919년		3·1 운동이 일어남
1920년	최초의 라디오 상업 방송 시작	
1929년	대공황 시작	
1932년	프랭클린 루스벨트 대통령 당선	
1939년	2차 세계 대전이 일어남	
1941년	진주만이 기습 공격을 당함	
1945년	2차 세계 대전이 끝남	광복
1947년	트루먼 독트린 선언 마셜 플랜 시행	
1950년		한국 전쟁이 일어남
1960년		4·19 혁명
1963년	워싱턴 행진	
1965년	베트남 전쟁에 참가	베트남 파병
1973년	베트남에서 철수	
1974년	리처드 닉슨 대통령 사임	
1975년	베트남 전쟁이 끝남	
1980년	로널드 레이건 대통령 당선	
1987년		헌법 개정
1988년		서울 올림픽 개최
1991년	걸프전	
2001년	9.11 테러 아프가니스탄과 전쟁	
2002년		한일 월드컵 공동 개최
2003년	이라크를 침공함	이라크 파병
2008년	세계 금융 위기가 시작됨 버락 오바마 대통령 당선	

● 참고한 책과 자료

김동춘 지음, 《미국의 엔진, 전쟁과 시장》, 창비, 2004.
김성곤 지음, 《영화로 보는 미국사》, 살림, 2003.
니알 퍼거슨 지음, 김일영, 강규형 옮김, 《콜로서스: 아메리카 제국 흥망사》, 21세기북스, 2010.
데이비드 허버트 도날드 지음, 남신우 옮김, 《링컨》, 살림, 2003.
디 브라운 지음, 최준석 옮김, 《나를 운디드니에 묻어주오》, 한겨레출판, 2011.
리영희 지음, 《전환시대의 논리》, 창비, 1990.
리오 휴머만 지음, 박정원 옮김, 《가자, 아메리카로!》, 비봉출판사, 2001.
리차드 O 보이어·하버트 M 모레이스 지음, 이태섭 옮김, 《알려지지 않은 미국 노동운동 이야기》, 책갈피, 1996.
마이크 데이비스 지음, 김영희 옮김, 《미국의 꿈에 갇힌 사람들》, 창비, 1994.
박진빈 지음, 《백색국가 건설사》, 앨피, 2006.
배영수 지음, 《미국 예외론의 대안을 찾아서》, 일조각, 2011.
버나드 베일린 지음, 배영수 옮김, 《미국 혁명의 이데올로기적 기원》, 새물결, 1999.
벤자민 콸스 지음, 조성훈·이미숙 옮김, 《미국 흑인사》, 백산서당, 2002.
벤자민 킨·키스 헤인즈 지음, 김원중·이성훈 옮김, 《라틴아메리카의 역사》, 그린비, 2014
볼프강 쉬벨부시 지음, 차문석 옮김, 《뉴딜, 세 편의 드라마》, 지식의풍경, 2009.
브루스 커밍스 지음, 김동노·박진빈·임종명 옮김, 《미국 패권의 역사》, 서해문집, 2011.
사라 에번스 지음, 조지형 옮김, 《자유를 위한 탄생: 미국 여성의 역사》, 이대출판부, 1998.
서울대학교 미국학연구소 엮음, 《21세기 미국의 역사적 전망》, 서울대출판부, 2001.
손세호 지음, 《하룻밤에 읽는 미국사》, 랜덤하우스코리아, 2011.
스테파니 슈워츠 드라이버 지음, 안효상 옮김, 《세계를 뒤흔든 독립 선언서》, 그린비, 2005.
안효상 지음, 《미국은 어떻게 만들어졌을까》, 민음인, 2013.
알렉시스 드 토크빌 지음, 임효선·박지동 옮김, 《미국의 민주주의》, 한길사, 2002.
앨런 브링클리 지음, 황혜성 외 옮김, 《있는 그대로의 미국사》, 휴머니스트, 2005
앨런 와인스타인 지음, 이은선 옮김, 《사진과 그림으로 보는 미국사》, 시공사, 2004.
앨프리드 크로스비 지음, 안효상·정범진 옮김, 《생태제국주의》, 지식의풍경, 2000.
에드먼드 모건 지음, 황혜성 옮김, 《미국의 노예제도와 미국의 자유》, 비봉출판사, 1997.
에릭 윌리엄스 지음, 김성균 옮김, 《자본주의와 노예제도》, 우물이있는집, 2014.
이구한 지음, 《이야기 미국사》, 청아, 2006.
조지 벡시 지음, 노지양 옮김, 《야구의 역사》, 을유문화사, 2007.

주경철 지음, 《대항해 시대》, 서울대출판부, 2008.
질비아 엥글레르트 지음, 장혜경 옮김, 《상식과 교양으로 읽는 미국의 역사》, 웅진, 2006.
최웅·김봉중 지음, 《미국의 역사》, 소나무, 1992.
케네스 데이비스 지음, 이순호 옮김, 《미국에 대해 알아야 할 모든 것, 미국사》, 책과함께, 2004.
클레이본 카슨 엮음, 이순희 옮김, 《나에게는 꿈이 있습니다: 마틴 루터 킹 자서전》, 바다출판사, 2000.
펠리페 페르난데스-아르메스토 지음, 김미옥 옮김, 《아메리카의 역사》, 을유문화사, 2007.
프레더릭 E. 혹시 지음, 피터 아이버슨 엮음, 유시주 옮김, 《미국사에 던지는 질문》, 영림카디널, 2000.
하워드 진 지음, 이아정 옮김, 《오만한 제국》, 당대, 2001.
하워드 진 지음, 유강은 옮김, 《미국민중사》, 시울, 2006.
하워드 진 지음, 앤서니 아노브 엮음, 황혜성 옮김, 《미국 민중사를 만든 목소리들》, 이후, 2011.

● **사진 자료**

이 책에 실은 대부분의 도판은 연합포토와 위키커먼스를 통해 찾았습니다. 자료의 출처와 저작권자를 미처 찾지 못해 허가를 받지 못한 일부 도판은 저작권자가 확인되는 대로 정식 절차를 통해 허가를 받고 통상의 사용료를 지불하겠습니다.

찾아보기

【ㄱ】

강도 귀족 115
걸프전 204
게티즈버그 연설 102
게티즈버그 전투 102
골드러시 80
공공근로 173
공동 주택 118
공산주의 블록 181
과달루페 이달고 조약 78
국제 연맹 147
기독교 복음주의 62
긴급 은행법 172

【ㄴ】

남북 전쟁 102, 115, 135, 192
냇 터너 86
냉전 182, 204
노동절(근로자의 날) 109, 112
노동조합 109, 116, 173
노예 무역 20, 55, 59, 62
노예 반란 62, 84
노예제 20, 55, 59~64, 67, 83, 90, 95
노예주 97, 192
농업 조정법 174
눈물의 길 75
뉴딜 172

【ㄷ】

대공황 167, 180
도망노예법 99
〈독립 선언서〉 49, 59
독립 전쟁 43, 61

【ㄹ】

라티노 79
로자 파크스 193
로저 윌리엄스 30
릴리우오칼라니 여왕 124

【ㅁ】

마르틴 루터 25
마셜 플랜 185
마야 문명 17
마틴 루터 킹 193
맥도날드 133, 138
맬컴 엑스 194
〈메이플라워 서약〉 27
메인호 폭발 125
멕시코 전쟁 77
미국 혁명 46, 62
미주리 타협 99
민주주의 104, 152

【ㅂ】

바스코 다 가마 12
버락 오바마 69, 210
버지니아 회사 13
베이브 루스 161
베트남 전쟁 200
보스턴 티 파티 42
보스턴 학살 40, 60
〈북극성〉 92
《분노의 포도》 171
브레턴우즈 체제 152, 180

【ㅅ】

49년의 사람들 79
사회주의 174
산업 혁명 110
《상식》 49
설탕법 38
〈성들의 평등에 관하여〉 65
성조기 43
세계 무역 센터 206
세계 화폐 180
소비 사회 159
소비문화 133, 186
소비주의 159
스콴토 28

【ㅇ】

아즈텍 문명 17
악의 축 207
알렉산더 해밀턴 66
알렉시스 드 토크빌 83
암흑의 목요일 167
애비게일 애덤스 63~64
앤드루 카네기 113
에밀리오 아기날도 130
에이브러햄 링컨 75, 100~106, 194

엠파이어스테이트 빌딩 129
《여성의 신비》 196
연방 헌법 67
예비 노예 해방령 103
워싱턴 D.C. 65
워싱턴 행진 194
원자 폭탄 151, 153
원폭 돔 153
윌리엄 로이드 개리슨 88
윌리엄 밴더빌트 113~114
윌리엄 펜 32
2차 세계 대전 149, 175, 180, 203
인디언 문제 72
인지세법 38
1850년의 타협 99
1차 세계 대전 144, 169
일방주의 206

【 ㅈ 】

자본주의 29, 112, 144, 158, 168
자유의 딸들 42
자유의 쓰레기통 198
자유의 아들들 39
자유주 97
재즈 87, 162
〈재즈 싱어〉 160
전국 부흥청 173
전국 여성 조직 197
제1차 대륙 회의 44
제임스타운 14
조지 워싱턴 65, 68~69
조지프 매카시 184

존 F. 케네디 194
존 록펠러 113, 115
존 롤프 16
존 스미스 15
존 스타인벡 171
존 애덤스 52, 63
존 펨버튼 140
종교 개혁 25
주디스 사전트 머리 65
G2 209

【 ㅊ 】

차풀테펙 전투 78
청교도(퓨리턴) 26
추수 감사절 28
7년 전쟁 35

【 ㅋ 】

콜라 139~141
쿠바 반란 126
퀘이커 31, 63
크리스토퍼 콜럼버스 13, 17, 22
크리스퍼스 애턱스 60

【 ㅌ 】

타운센드 관세법 40
테네시 계곡 개발 175
테컴서 73
텍사스 공화국 76
토머스 제레미아 61

토머스 제퍼슨 52, 55, 72
토머스 페인 50
트루먼 독트린 183

【 ㅍ 】

파리 조약 35
패스트푸드 138
패트릭 헨리 46
포드 자동차 156
포와탄 15
포카혼타스 11, 15
프랭클린 루스벨트 171
프레더릭 더글러스 90~93
프렌치-인디언 전쟁 34
프로 야구 161
프로비던스 31
필그림 파더스 27

【 ㅎ 】

한국 전쟁 187, 189
해리 트루먼 153, 182
〈해방자〉 89
햄버거 136
헤이마켓 사건 109
홈스테드 공장 파업 116
후버빌 171
히스패닉 79

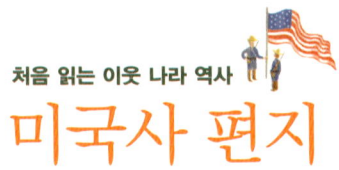

처음 읽는 이웃 나라 역사
미국사 편지

1판 1쇄 2015년 3월 5일
1판 4쇄 2022년 6월 24일

글 | 안효상
그림 | 김상인

펴낸이 | 류종필
편집 | 박병익
디자인 | map.ing_이소영
마케팅 | 이건호
경영지원 | 김유리

펴낸곳 | (주)도서출판 책과함께
　　　주소 (04022) 서울시 마포구 동교로 70 소와소빌딩 2층
　　　전화 (02) 335-1982
　　　팩스 (02) 335-1316
　　　전자우편 prpub@daum.net
　　　블로그 blog.naver.com/prpub
　　　등록 2003년 4월 3일 제2003-000392호

ISBN 979-11-86293-03-4 73900
ISBN 979-11-86293-04-1 74900(세트)

이 책의 저작권은 지은이 안효상과 그린이 김상인 그리고 도서출판 책과함께에 있습니다.
이 책의 내용을 이용하려면 저작권자와 출판사에게 모두 서면동의를 받아야 합니다.
잘못된 책은 구입하신 서점에서 바꾸어 드립니다.